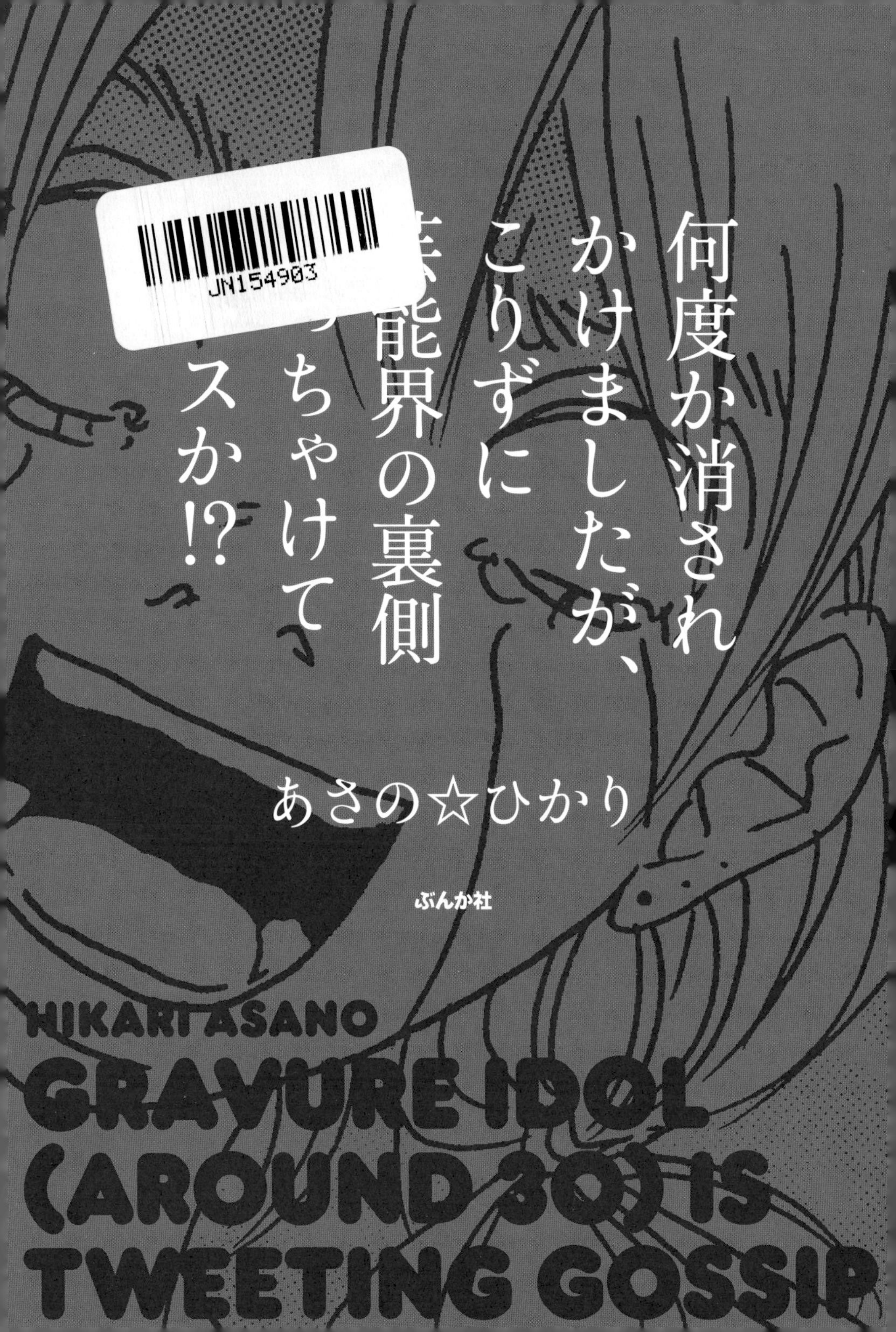
何度か消され
かけましたが、
こりずに
能界の裏側
ちゃけて
スか!?
あさの☆ひかり
ぶんか社
HIKARI ASANO
GRAVURE IDOL (AROUND 30) IS TWEETING GOSSIP
JN154903

始めに。

プシュゥゥゥゥゥ
担当M田さん
消されるカクゴで やりたい放題 やってみました
早く自己紹介 してください
ページのムダです
ずいぶん長いコト グラドルを 名乗ってます あさのです
正直もう全然脱いでないのよ
昔はいろんな 雑誌に出て ましたよね
いや 32歳 脱ぐにも出しろ がないっていう
しかも見て 乳垂れてる上に 浮着ロンパッてるから
ぐでんぐでん
見たくない…
でも いわれて みればデビュー から早《はや》8年…
ヒーフーミー
いやー芸能界は 相変わらず まっ黒ですわ!!
んも 枕営業なんかフツーだし 愛人いてナンボだし それこそお茶の間で人気の あの芸能人が薬やら なんやらやりまくってるし 最強かよって

そんだけバクロして無事なあさのさんも最強じゃないかって
いやいや まったく!!
(よくテレビに出てる)芸能界のドンがうちまで乗り込んできたんで
ペッペー
安定の黒ヌリベンツで
そのまま六本木《ろっぽんぎ》に拉致《らち》られて誓約書書かされるていう
誓約書
もうあなた様のコトはこんりんざいネタにしません。
あさの☆ひかり
血判で
いいよ
出禁
ハンコ持ってないです……
ちなみにこの本を出した直後にきた。
あさの☆ひかり
芸能界の裏側ぶっちゃけていいスか!?
三十路グラドルのつぶやき
それからは何も?
そこまではないですね今んトコ
この本出したらわかんないけど
キラッ
でも誓約書ってそんな形式ばったコトするんですね
ヤツらおっさんだから古いんじゃないスか
あ、やべ
また悪口言っちゃった
あ〜ん♡

だからか最近
業界人の目が
厳しくて…
あいつが業界のバクロしてる奴は…
いつか刺される
チッ
最近もホムパで
ホ●エモンに
会ったんですけど
あれ？まだ生きてたの？
久々会って言うかフツー
業界人も
お墨つきって
コトですね！
スバラシイ!!!
キラキラ
消される
可能性が高く
なるだけです!!
この本が出る頃には
マグロ漁船にでも
まぎれて高飛びします!!
ヤラれる前にトブ!!
禁断のワンダーライフ
をお楽しみください!!

CONTENTS

GOSSIP.1

キター!! ヒルズ族から愛人契約

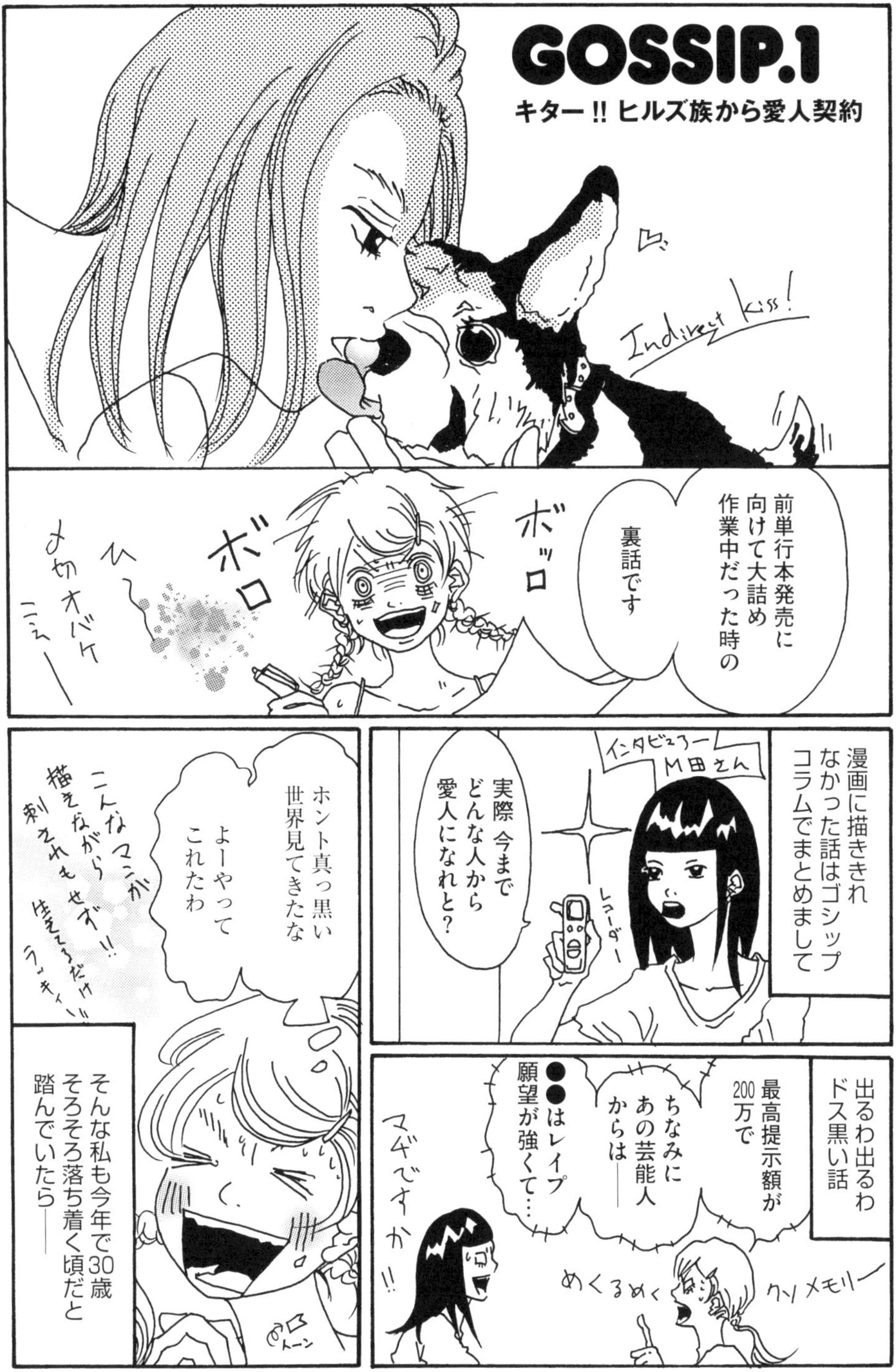

某業界人(40代)からのお誘いメール何やら危ない香りです
ヴヴッ
最近飲んだ
!!?
ひかりちゃん
●日、あいてる？
ふたりでご飯いこう
なんでー？ もしかしたらただの食事だけかもよ？
着エロちゃん
いや!! 違う!!
カンがいってる!!
ファンファン
センサー
待ち合わせの場所が六本木ヒルズクラブってのが一番怪しい
ああ!! あの会員しか入れないトコか
確かに愛人とかの誘いってそーゆートコで受けるよね
食事からの会員制バーで密談がデフォ！
きっと食事しながらセックスのことばっか考えてるんだろうね
うえ〜〜〜
それもちょっとな〜〜〜
好きじゃなかったら超ーひく!!

え
いくんだ!!
当たり前じゃん!!
今の愛人額がどんなもんか知りたいし!!
三十路グラドルにいくら出すのか!!
もしヤッたら写メ送ってー
週刊誌に売るから
おう!!
じゃーな!!
そんなこんなで当日
ヒルズ
でーん
これがセレブにしか押せないボタン…
ウィ〜ン…
六本木ヒルズク
51
50
49
業界人到着
ドレスコードがあってフォーマルな服装じゃなきゃ入れない!!
セレブ!!
クソセレブ!!
普段ヒールはかないからもー足痛い
やあ
ども〜
ラウンジに荷物をあずけまして
まずは美術館へ
ガウディ×井上雄彦展
会員だとチケットタダなんだよー
へーー!
そうなんスね〜
キョロ
会員費200万の特権…

それから
スカイデッキへ
ゴオオオオオ
ぎょえー!!
こえ――
チビる!!
ヒルズてっぺん
高所恐怖症
そうそう
今日は息子の
野球大会でね
写メ見る？
奥さん似でさー
おっいきなり
パパスイッチ!!
てか
子供いたんか!!
もしかしたら
ホントは
いい人？
うわー
かわゆい
小学生ですか
いや
でも子供
アピしてくる人
ほど裏で愛人
抱えてるしな……
モン
モン
52F
それから会員専用
ルートを通りディナー
じゅうじゅう
じゅうじゅう
鉄板焼き
○○さま
コースはいつもので…
うん
いいよー
うわっ
高《たか》っ!!
ひかりちゃん
今彼氏は
いないんだよね
え？
あハイ

いいパパ像
俺は去年20代30代40代の女と同時につき合ってたの
やっぱり40代が1番エロい!!
ガラ ガラ ガラ
ひかりちゃんも漫画家だしいろんな年代と経験してみなよ
ははぁ…
この話の流れ…
ちなみに今どこに住んでるんだっけ?
○○市…ですけど実家が…
俺表参道《おもてさんどう》と青山《あおやま》に家4つあるから
そこ住めば?
キターー!!
出た枕言葉
業界人用語で
愛人なれです
もちろん家賃はいらないから
家賃がセックスあたしの相場約30万か!!
意外と高くね!?
それから居住者専用のバーで1杯
ちょいちょい感じる視線っ!
ジー
ジー
また新しい女がきたな的な…
居心地悪い…

ついにお部屋へ
でかっっ
クッソ眺めいいっ!!
こんなトコでマンガ描けたらそりゃいいわな〜〜・・・
で ひかりちゃん 俺と つき合う 気は――……
あ ハイ もちろん――
なしっスよ
お部屋見たかっただけ――
で〜ん
え!? ここまできて!?
じゃじゃあ チューは!?
チューも しないっス
プイ
じゃあっっ!! せめて!! せめて おっぱいだけでも さわらし――……
あぁ それはいいっすよ パイはチャラいんで
そこはいいのかよ!!
こうしておっぱいだけ献上して帰ったあさの
これがGカップか〜
クソ〜
いけると思ったのになぁ〜
こちらこそ今日はご馳走さまでした!
お金で愛は買えないんだぞ♥

GOSSIP.2
一夜200万円のアノお方
こんにちは
2014年10月で30歳になりましたあさのです
着飾りで
イメチェン
誕生日前日は着エロが襲来
おたおめー！＆引っ越しおめー！
実は先月ついに実家を追い出されまして
30やろ！自立せい!!
生ゴミ
あう
じゃ
母
ガッ
引っ越しってお金かかるんだね…
既に家賃滞納してんだけど
家具もなくて
スカスカ
………
なんもねぇ
ま〜ま〜！
今日は飲もうぜ!!
だな!!
飲むか
慎ましく20代最後を過ごしていたら

翌日
郵便でーす
年金督促状
今月中に下記の金払えなかったら財産差し押さえだよ～ん
￥300,450
!!?
三十路《みそじ》当日にどえらい祝砲打たれました
さ… 30万!?
国が殺しにかかってきてる!!
いやいやいや!! 払ってないおまえが悪いから!!
払う気はある…けどまだ余裕がなくて…
ほ～ら いっぱい!!
とくそく状
支払
………
おまえ… 国民の義務だろ今すぐ果たせよ
いや本気で金ない
現貯金残高９万円
そんなこんなで着エロに促され年金相談所へ
とんだ誕生日だ!!
付き合わされてる私もな!!

国民年金カウン
えー…
30歳未満の方は収入所得によっては免除申請できます
マヂすか!!
や
やった!! ギリセーフ!!
おー! よかったじゃん!!
いえ
未満なので30歳はもうアウトです
え!?
てことは昨日きてれば申請できたんスか
そう…ですね…
終わっ…た
〜〜…
ちなみにこの近くに臓器を売買できる所あります?
合法で
30万 30万 30万
30万 30万 30万
30万 30万 30万

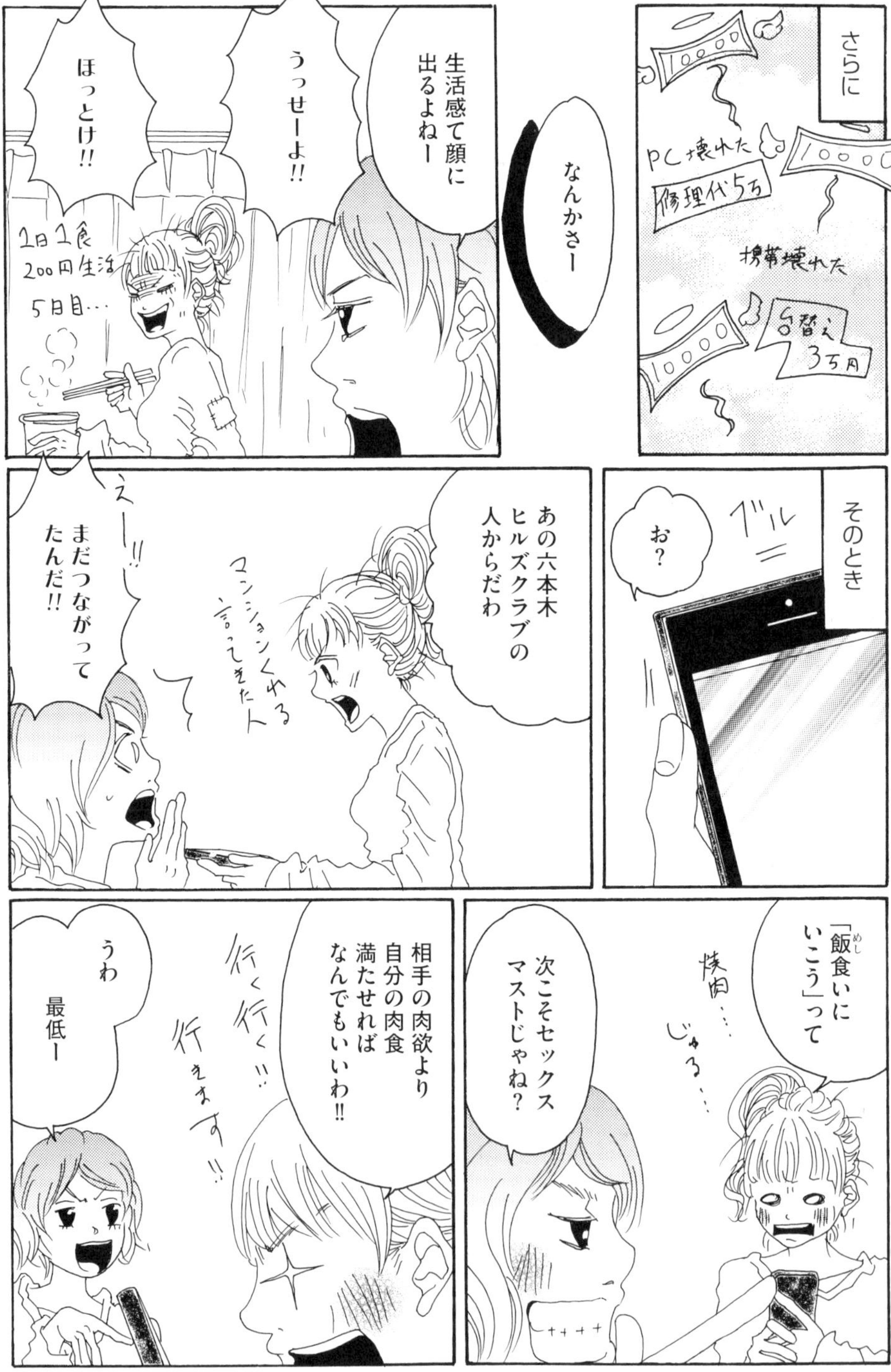
さらに
PC壊れた
修理代5万
携帯壊れた
なんかさー
生活感て顔に出るよねー
うっせーよ!!
ほっとけ!!
1日1食 200円生活 5日目…
そのとき
ブル
お?
あの六本木ヒルズクラブの人からだわ
マンションくれる言ってきた人
えー!!
まだつながってたんだ!!
「飯《めし》いにいこう」って
焼肉… じゅる…
次こそセックスマストじゃね？
相手の肉欲より自分の肉食満たせればなんでもいいわ!!
行く行く!!
行きます!!
うわ
最低ー

そんなわけで 六本木ヒルズ
目の前にはなぜか ジ●ーラモが
Hey
仲良しっっ
ヒルズクラブ
Yo
うおーー ちょい悪《わる》感 っパねーーー!!
しかし紹介はされませんで
業界マナー 愛人(or候補)の名前は通常いわない
つまり ジ●ーラモには 愛人と思われてんだな
この人の 愛人か…
むしゃ むしゃ しちゃ しちゃ
そのとき
後方にスーパー業界人が
○○さん!!
あー…○○さん ん? ふたり 知り合い?
いや 知り合い というかーー…

初期に描いた愛人契約一夜200万の方です
前巻参照!!
まさかのご対面〜
1年ぶりっっ
蛇に睨まれたカエル
シャー
君のバクロ本読んだわ
えっ!! え!? 暴露本!! なんの話!?
ちょっとその件で話したいんだけど
え・
あ、はい
一瞬借りてええかな
ハ ハイ
業界の立場圧倒的に上
簡単に売るなバカヤロウ!!
次回ピンチ
肉食いに来て
自分がミンチ?!!

GOSSIP.3

描かれてもバブ～な人

こっそりつき合ってセックスする女のどこが愛人なんだよ
お待たせしました
神戸牛《こうべぎゅう》になります
……
とりあえずスゴイ肉がきたので黙りました
ヤヤバイっスね!!
この霜降り!!
年間3千頭しか出荷されない選りすぐりだよ
その名もKOBE BEEF!
横文字になっただけかい!!
へーおいしそー!!
いただきまーす!!
ちょっと待て
ぶっちゃけもうひとり女見つけてさ
え
君より若いの♡
いいじゃないスか!!
その娘愛人にすれば!!
愛人っ!!
だから愛人じゃないって!!
恋びとー…

黙れっっ
何が恋人じゃ！子持ちの既婚者が！
はよ肉を喰わせ!!
と叫びたい衝動を抑えつつおすわり
ぐるるるる
カタ
カタ
カタ
きっとその子とつき合ったほうが楽しいっスよ〜〜〜
なんで？
俺ダメ？
俺とつき合ったらたこ焼き食べに大阪《おおさか》までつれてくよ？
←おごりで何様・・・
……
全然その辺のたこ焼きでいい…
そーゆー問題じゃない
でもひかりちゃん慣れてそうだからなぁ〜
えっ――……
ゴン。。。
今までいろんな業界人とあったでしょ？誰が最高額積んだの
あ

今あなたの真後ろにいる人がそうです
○○さん!?
久しぶりだなぁ バクロ本 読んだよ
えっ あ
○○さんと知り合い!?
同じ業界だけど ○○さんの方が 立場がモロ上
やべ
ちょっと借りていい?
ハイ!! もちろん!!
それもそのはず ここは高確率で業界人がくる店
だけどこのタイミング――…!!
ボェエエ 止めろよ!!
本に俺のコト描いたでしょー
ハハハイ!!
絶賛発売中なんで よろしくっス――…!

つき人が持っててビックリしたよー
えええぇ!? あの人が!?
付き人
実は過去あっちゃいけないコトがありまして
消したくても消せない過去。
前単行本発売ギリギリにそのエピソードだけカット
何か嫌な予感したんだよ!!
もしだしてたら今頃ガチで消されてる
しかしその他のコトは読まれたわけで
暴露ダダ漏れ
が―…
君さ――
わかってる?
ドン
壁ドン!!!
朝○新聞
エレベーター内で
女性刺殺遺体
もはや土に還る気マンマンでいたら

バブー 寂しかったよ ママバブー
すりすり
すりすり
相手が原点回帰しやがりました
そーだ!! この人最後に会ったときも…!!!
赤ちゃんプレーの常習 in タクシー
ひ
ママ〜〜〜 おっぱい〜
あれ? なんか垂れた?
さっせん もう30なんで
早いなぁ 30か!!
まできるだけ長生きしろよ!!
え!?
何その捨てゼリフ
すた すた
すみません お待たせし——
あ 肉…
シー シー
食った!食った!
よし!! 若いほうに鞍替えするかぁ!!
チェックで——
食いっ…そびれ…!!
空っぽ…
30代 なんだかいろいろ険しい予感…!!

GOSSIP.4

『フライデー』にフライデーされた日

あさのさん
スタンバイ
オッケーでーす
枕
シーツ
枕営業の取材で枕現物
出てきたの初めてです
さ…さすが天下の
『フライデー』…!!
パシャ
枕抱いて笑顔で
お願いしまーす
パシャ
三十路には
キツすぎる
撮影開始
タジタジ
そしてインタビューへ
『フライデー』なら
密会スクープされて
出たかったな…
ボソ…
ジャンジャン
とか…
クスッ
いやいや!!
ウチの事務所が
消されるから!!
あさのさん以前も
ウチ《講談社》でお仕事
されてますよね
あ、
はい
『ヤンマガ』で何度か
お世話に――…

それは3年前
Gカップグラドル8人を集めたその撮影
G8
ジー
エイト
当時、グラビア界で売れっ子集めたそうそうたるメンバー
——…の中にひとり無名で入ったあさの
誰?
知らなーい
マネジャーすら現場に訪れず
気まずい…
居場所ない…
首吊りたい…
当時の
ボッチ
お昼ごはん
さらに
カメラマン
かわいいー
かわいいー
かわいいしね
メイクさん
キャア
キャア
売れっ子アイドル
あさのの番
……
おつかれー
……
コレ!! 本当にあるんです!!
あからさまに空気がかわる!!
現場全員
コイツ
ブスだなって
思われている中の集団
撮影
マジ苦行っ

さらに続きがありまして
ごめんピカリン
あっ!!
マネジャー!!
当時のマネージャー
うわぁあぁん
きてくれたんスね!! ありがとうございますぅぅぅ!!
やっと孤独な状況から解放されかけたら
おぅ
ゲロゲロゲロゲロ
!?
あわわわわわ
昨日飲みすぎちゃってさぁ~
オールあけでそのままきた
タオルッ
タオルッ
てか今日現場があるって知らなくて交通費すらなくてさー
あ
飲む?
グビ
グビ
グビ
ゲロ付き
…けっこうです

帰りたいから
千円くれ
金せびりに
現場きた…!?
そして本当に
帰ってった
……で次の質問
なのですが——
やべっ
クソみたいな
思い出にバッド
トリップしてた
3年前を考えたら
今の私の人生まだ
マシかもしれない…
単行本も出たし…
何を唐突に…
って
あ そういえば
枕営業は本当に
あるんですかー?
ありますよ~
今更って
話ですよ~
そんなこんなで
終わった取材

フ●テレビから
密着取材の依頼が
きています
しかもプライムタイム!!
人生のビッグウェーブ
今かもです
マッ…
マヂすか!?
しかも
向こうから!?
ハイ!!
しかも!!
コーナーではなく
番組の全部を
あさのさんの特集
にしたいとか…!!
不屈芸能界歴
6年。。。
遂に地上波に
顔を出す
ときが…!!
私 今日から
断食《だんじき》します!!
痩せなきゃ!!!
僕は今日
前祝いで焼き肉
いってきます
今年最後に
確変なるか!!

GOSSIP.5

事務所社長と同期が×××

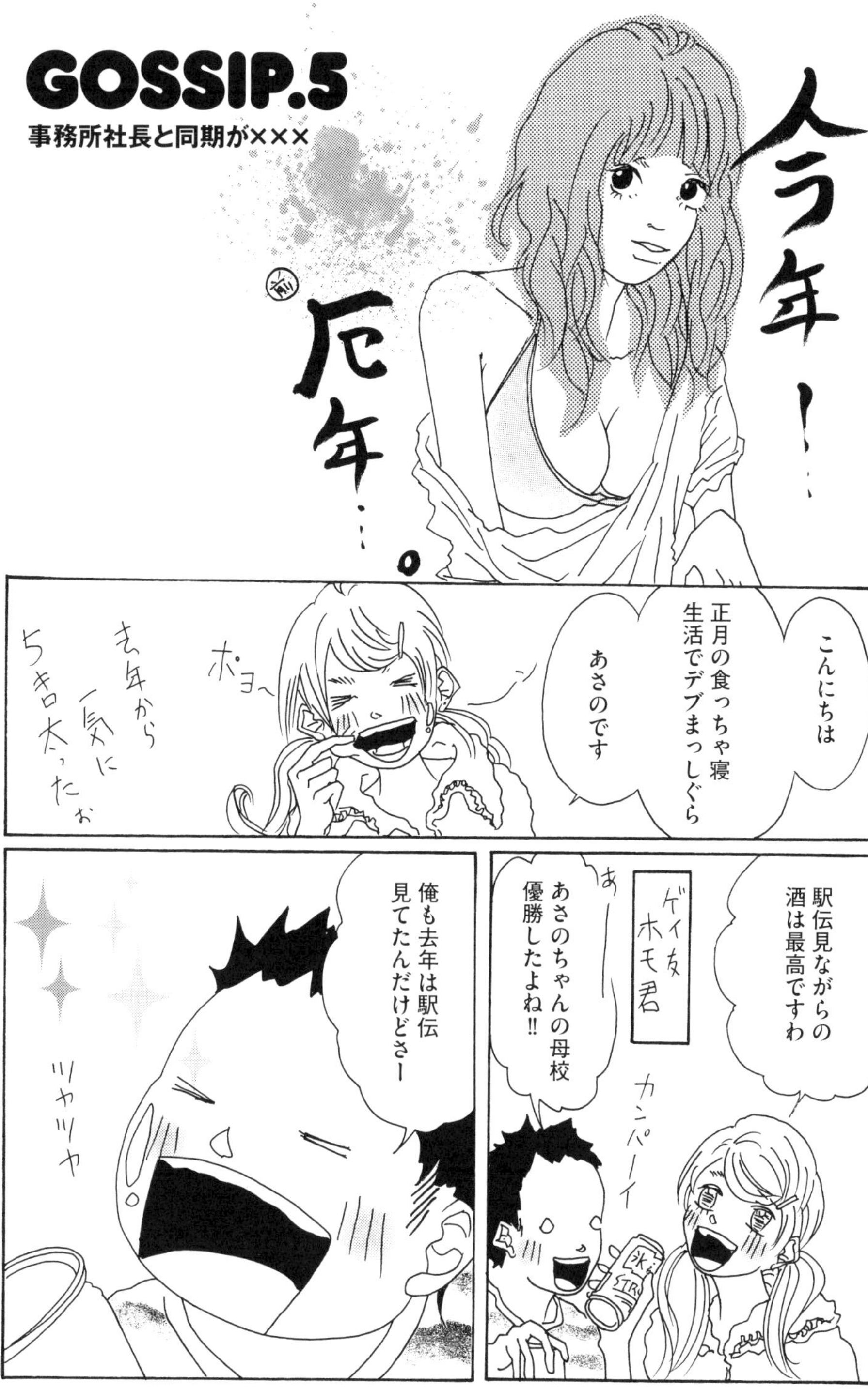

ねずみの国の中の人とセックスしながら見てたわ
うわ〜 選手の汗が神々し〜〜い
犬のアレ
中身は高飛車《たかびしゃ》でプライド高くて野犬ばりのクソ野郎だったけど
そんな奴と汚れた汗を流すオレ
夢の国の住人になんて暴言…
でこれが今年の相手!!
え!? 何そのイケメン!!
ピ〇〇〇のモデル!! 大晦日《おおみそか》から元旦に大逆転かましました
おい!! チュー写メ何枚撮ってんだよ
あさのちゃんは? 年越し何してたの?
くすっ
ズいっ
それ聞く?

まさかその後ろにある福袋の山は――
ギヘゥッ
3日の夜から並んでゲットした
ギャハハハ何コレ!?
シュレッダー
ぬいぐるみ
スシの抱き枕
スマホの保護フィルム
USB
スリッパ
サイズの合わない靴
毛布×2
汽車のオモチャ
総額7万円分のガラクタ
クズしか入ってねーし!!
あ～あ年賀状何枚届いてるかな～
性欲を物欲で埋める女マチ残念
あ、逃げた
ダァ!!?
!?

結婚しました
あさのがガチ恋した人
グラビアの同期
年明け死にたくなる情報しか入ってきません
え!?
これが前いってた好きだった人!?
めっちゃフツー
そー見えてスゴイ人だからね
呉服問屋の社長で年商ウン億…
友達に働きかけて資産調べてもらったら見たことないケタだったたって
銀行勤めの友達がスパイ行為に及んだ
おまえ完ぺき金目的じゃん
ちなみにこの同期その事務所の社長と体の関係にありました
もー この際だから
全部吐くわ
デロロロロロ〜
ちょっ…
このタイミング…!!

私がその社長宅に遊びにいったときも
なぜかふたりがベッドで寝て私がソファっていう
しかもセックスおっぱじめて
寝たフリするしかないってゆー
ソファの狭間に埋まって寝たフリ
この話初めて人に話したわ
だしませんように
もっと明るい話ないの!?
あれは!?フ●の番組に出る話…
あー!そう
こないだ打ち合わせにいってきたんだけど
30分のドキュメンタリー
おおまかにいうと今まで漫画に描いてきたことを話してー
アイドルは金がナイので タク代目当ての飲み会で稼いだり～
ブログとか撮影会でファンに欲しいモノおねだりしたり～
ブランド貰って後から売る
そしたらそーゆー現物を撮りたいといわれて～
プロデューサー
あそのさんも欲しいモノねだってみてくださいよ～
確かに昔やったことありますけど今さら物乞《ものご》いっって
あれは若いから許される行為…!!
まーまー
すべては地上波のためツイッターでこっそりつぶやいたら
羽毛布団がほしいな♡
スイマセンスイマセンスイマセン

3日後
番組出演の話バラしになりました
バラし→全てがなくなること
マネジャー
今連絡がきて…
今さら企画倒れしやがりました
あっちから話ふっといてなんなんじゃー!!
でもまぁそんな予感はしてたぞ…
それがテレビですからね〜
だって打ち合わせで枕営業とかの実情も話したらNGだったし
情報番組で「放送倫理にひっかかる」って
事実は事実なのにテレビでは伝えられないのが引っかかるなぁ〜
ファンに貢がせるよりデカいネタじゃね!?
あさのさんのテレビ出演は当分先ですなー
一生出れる気しません
マヂで。
当然羽毛布団もきませんでした!!
いまだに出られてません

GOSSIP.6

アダルトサイトで荒稼ぎ!?

そういや私
今月で事務所の契約
打ち切りなんだけど
!?
こんにちは無職です
え なんで!?
更新の連絡は!?
まだ…ない
てゆーかもう
3月入ってるし
まず…ない
これ描いてるの
3/9なんです!!
いつもギリギリ
さーっせん!!
もう漫画で
食っていくしか…
おまえが?
ムリだろ
しかも家賃3カ月
滞納中ってゆー!!!
管理会社から
電話が毎日
かかってくるの～!!!
30歳にして
ムリィィィィィ
絶望からの絶望

アレ？
アレは？
単行本の印税！
年金の未払い全額払って消えた
あと少し支払い遅れたら口座差し押さえだった
あっぶね
本格的に終わってんな!!
ちょっと前ならファンから救援物資もらえたのに
今はファンも絶滅してるからね…
もう30歳のババアは野たれ死ねってよ！
ちょっ…
見捨てる気じゃ…!!
しかしここで神からの啓示が
F●2のライブ配信で楽にお金を稼いじゃお♡
※スマホに表示された広告
やるわ
はっ？

ヤバイよ!?
動画を生配信するだけで生計立ててる人もいるんだって!!
本気か?
F●2〜〜
おーやってるね いろんな配信
着エロも見てみよう!!
マヂでやんのかよ!!
善は急げ さっそく行動に
これは?
カム カム
あんあん♡
熱くなってきたぁ〜〜
もうガマンできなぁ〜〜い♡
ずぶぶぶぶ
チャリーン
あ♡チップ30円ありがとうございまーす♡
そんだけやって30円!?
えええええ

でも無料配信でこれだよ？
有料配信はもっとエグイんじゃないの!?
捕まらないのか!? 日本自由すぎ!!
よし やれ
タイトルは元・女子穴が顔出し生放送♡って
有料配信
はっ!?
ムリムリ!! つーかタイトルサギすぎでしょ
いいじゃん
本当に女子アナだったんだから
はい オッケー 始まりまーす
あさの不測のF●2デビュー
流れてる視聴者のコメント
どうした？ 脱がないのか はよ脱げー
あ
う
10分経過
早くしろ アホが こっちは金払って見てんだぞ？ バカバカバカバカ クズ女早く脱げ 放尿しろ カスが
視聴者、すでに2万人超え
あっという間にランクトップに
おらー さっさと脱げー 根性見せろー
おまえが煽《あお》ってどうすんだよ!!

チキンが!!! 稼ぎのないヤツは ウチでは雇えないよ!!
いくらになった!?
何キャラー…!?
――っていうか
えっ!?
チャリン!!
¥100,000
ガチです
ウソでしょ!? 脱いでないのに!!
引き続き 大荒れ中。
そうか…!! 有料は見るのも 金がかかるんだ
1分100円設定な上に 荒れて人集まったから
な なんかすごい 罪悪感がー…!!
べつに脱がなきゃ いけないわけじゃ ないけど…
たぶんこんなの 超レアだよ!?
でももう絶対 やらない!! いつか刺される!!
― CAUTION ―
動画がネットにさらされる 危険もあるので注意です!!
…この金 全額 寄付するわ…
浄化させる
そーだね
てゆーかあたし 脱ぐから半分 ちょーだい
おいっっ

GOSSIP.7
刺激を求めてデートクラブへ!
じつは最近失恋しましたあさのです
春なのにマヂでクッソ
よく飲みにいってた人でしょ⁉
なんでいきなり
着エロちゃん
ズズッ
わからない——…
けどある日突然LINE《ライン》ブロックされて距離置こうってメールが…
ガチで拒絶マヂでウケるし
男もいない金もない
生きてても楽しいことないからさ——

刺激欲しさにデートクラブ登録しちゃった
は？
失うものがないと何も怖くないです
え 何!? デートクラブって!?
会員のおっさんとデートするだけで足代もらえんの
金目当てかよ!!
――それもあるけど こーなったらいろんな人と出会ってみようかと
どーせろくなことないよ～!?
わかってる!! けど百聞は一見にしかずじゃん!?
とりあえずお試しでいってくるわ
こいつ失恋したこと相当引きずってんだな

六本木ミッドタウン
Tokyo Midtown
セッティングの連絡がきたのは昨日の夜
相手は私の写真見て指名してるんだよなー
50代の話好きなおっさんがくるっていわれたけど
ごめん！遅れた！
――…え⁉ めっちゃイケメンー!!!!
お待たせ
北川《きたがわ》です
どもども
ですよねー!!
スレ違〜い
待った？
全然〜♪

じゃあ
普段は外資の
社長さんを
ええまあ
小さい会社
なんですがねー
てゆーか
本当にごはん食べて
デートするだけなのか!!
デートクラブ!!
しかも
1皿1万円の
パスタだってよ!!
白トリュフとウニ
古崎《ふるさき》さんは
初めてですか？
この類《たぐい》のクラブに
入ったのは
あ ハイ
最近入会
したばっかりで
「古崎」：デートクラブの源氏名
まっ
女の子の半分は
お金目当てですからねー
ギク―!!
自分も
足代目的
ちなみにクラブに入会するのに
男性は年会費５万～50万円
（ランクによって違う）
女性はタダ!!

これが歴代のクラブで出会った子なんだけど
JAOのスッチー
博○堂のキャリアウーマン
うわ!! みんなモデル級に美人!!
てゆーか写メ見せていーんかい!!!
みんな会ったその日にお金くれってきますから
一夜7万でどうだとか母親が病気で50万円必要とか
ええええ!? 高《たか》っっ!! それポーンと出すのか!?
もちろん女性の頼みだから断れませんが
スゲ〜〜〜〜!! セレブすげぇええええ!!!
あの
素朴なギモンなんですがなぜ今回は私を?
モデル体型でもキレイ系でもないのに・・・
それはもちろん目「だけ」キレイだし
あとは中の中!!
アハー! なけなしのほめ言葉!!

身のほどをわきまえて金せびるのもわきまえてくれるかなって
じゃないホンネだった
でもホラ！素朴さも大事だから
つまり垢抜けてもないってコトね
死んでもグラドルっていえない
あ、コレ今日の交通費ね
お年玉
三十路になってお年玉袋もらうとは
1万円+1万円分のタクチケが入ってた
30にもなって金がないって——
こんなにみじめなんだね!! 着エロちゃん!!
ホントだよおっさんに金もらってる場合か!!
こんな大人になるハズじゃなかったのにな〜〜〜
どうしてこうなった？
このタクチケ換金できないかな!?
知らないよ!! まずバイト探せ!!
とりあえずデートクラブは解約します

あさの☆ひかり×吉田豪

ASANO HIKARI × YOSHIDA GO
芸能界ぶっちゃけ対談［前編］

吉田豪（よしだ・ごう）　1970年9月3日生まれ。プロインタビュアー&プロ評論家として活躍。徹底した事前調査を元にした有名人のインタビューに定評がある。最新刊『続聞き出す力』（日本文芸社）が絶賛発売中。

枕営業をあっせんする事務所は存在する！

あさの　豪さんと初めてお会いしたのは、たしか前単行本が出た時でしたよね。

吉田　そうですね。どうせネットのウワサだけで描かれているようなものだろ、ってなめてかかって前作を読んだら、リアリティーが尋常じゃなくて。ニコ生で本のことを話したことがきっかけで、一緒にイベントをする流れになって……。今回は前作の続きなんですよね。

あさの　私、前作が出たあとに「ヨソで言わんとい亭」っていう深夜番組に出させてもらって、枕営業の話とかバクロしたんですけど、当日まであの子

あさの☆ひかり✖吉田豪

がくるって知らなかったんですよ。事務所Pのグラビアアイドルが……。

吉田　見てました。あれ、完全にワナですよ！

あさの　そうですよね!?　事前打ち合わせの時に、プロデューサーさんに、枕で有名な事務所としてそこの名前を出してるんですよ。そしたら当日いるから、マジで!?　と思って。しかも3人も！

吉田　あの事務所のスタッフは、ビジュアルもかなりパンチが強いですからね……。

あさの　肌が真っ黒で、入れ墨が入っているような人たちが3人並んで、監視ですよね、完全に。私がちょっとでも「事務所が枕をあっせんしている」なんて話をすると「うちの事務所は違います」って入ってくるんですよ。もう、冷や汗をかきながら……。

吉田　知り合いが事務所Pに入る時、「愛人コースがあるけどどう?」っていわれたらしくて。あるんだ、そんなコース（笑）。

あさの　そうそうそうそう！

吉田　すごい画期的なシステムだと思いましたけどね（笑）。

売れないアイドルのキケンな稼ぎ方

あさの　F●2で稼いでいるグラドルの子もけっこういるらしいですね。F●2のいいところは、顔は見せずに、恥部を見せるだけでお金を稼げるんですよ。だから売れないグラドルの子とかが、バレないようにやっているらしくて。視聴者数さえあれば、2時間で40万円とか普通に稼げたりするんですよ。とはいっても、実際セックスや性器を見せたら公然わいせつで捕まっちゃうんで、気をつけてほしいんですけど。

吉田　見せなければいいんですか？

あさの　見せなければ大丈夫です。

吉田　でも、見せるのを目的としたようなものですもんね。

あさの　そうです。だからもう、いつ捕まるかわからない状態でやっているみたいですよ、業者さんも。

吉田　あさのさんも貧乏してると心が動きませんか？　こっちで稼いだほうがいいんじゃないか、って。

あさの　正直、うまく使えるなら絶対やったほうがいいと思います。だから私、ホントにお金がなくなった時は、実際それで稼いでました。

吉田　下着姿でおもしろい話をするとか。

あさの　まさにそうです。

吉田　今はやらなくても大丈夫なんですか？

あさの　最近ですね、やっと大丈夫になってきたのは。ホントF●2に助けてもらって……総合6時間くらいで、150万円以上稼いでいると思います。

吉田　それは、名前を出して……？

あさの　出してます。でも、名前を出さなくても客はくるんですよ。もしかしたらポロリがあるんじゃないかって期待して。ネットにさらされる危険性があるから、そこは気をつけなきゃいけないところですよね。といいつつ私、1～2回乳首が出ている気がするんですけど。

吉田　ええ～!?

あさの　下着をね、取っちゃおうかな～って布団の中でもそもそやっていたら、ポロッと出ちゃって。そんなことが数回ありました。

吉田　スクリーンショットを撮っている人がいるかもしれないですよね。

あさの　もしかしたら出てくるかもしれないですね。そしたら漫画にしようと思って（笑）！　アイドルって、絶対それだけでは食べていけないじゃないですか。仕事が急に入ったりするから、よっぽど理解のあるバイトじゃないとできないし、そしたらそういうヤバイ稼ぎ方をするか、夜の仕事か、愛人をやるしかないですからね。ブログとか見てるとわかりやすいですよ。地方から出てきて、そこまで売れていないのに、いいマンションに住んでいたりいい食器を使っている子は、100％そっち系だなって。

「ブレない」からこそ伝説になる

吉田　「グラドルはお金にならないんですよ～」といっていた子が、麻布十番に住んでいるとか、おかしいですもんね。

あさの　そう！　しかも最近の子ってけっこうオープンで、飲み会とかで「私○○の愛人なんだよね」っていっちゃうんですよ。某事務所の飲み会でも昔、お偉いさんの前で平気でそういう話をしていた子がいて。Aさんと一度、写真週刊誌に撮られちゃったことがあるんですけど。

吉田　あ～～、元Aの人ですか。

あさの　そうですそうです。「友達関係だ」ってAさんは否定してましたけど、けっこうズブズブな関係だったみたいですよ。

吉田　Aさんとは仲良くさせてもらっていて、いい人だからいいづらいんだけど……人生で唯一、芸能人のパーティーにいったことがあるのが、Aさんの誕生パーティーなんですよね。

あさの　そうなんですか!?

吉田　ツイッターで交流ができて誘われて、「これを見せたら入れます」って携帯に写メが送られてきて。いってみたらホントに、芸能界のすごい人たちが酔いつぶれているような場で。かつてのAさんが付き合っていたグラドルとかも酔いつぶれているわけですよ。……いろいろ思い出しましたけど、いっさい書けない。

あさの　うわ～～。

吉田　Aさんから聞いた大好きな話があって、昔、Oや●－JAPANのYたちと飲んでいた時、なれなれしく話かけてきたやつがいてYがブチギレて、その場で重いテーブルをひっくり返して大暴れしたそうなんですけど、みんなが慌てている時も、Oは横の女を口説いていたという……。

あさの　その光景、納得（笑）!!

吉田　ブレないですよね（笑）。O伝説はほかにもあって、彼がハネムーンでハワイにいっていた時に、彼にナンパされた、という人がいて。

あさの　はあ!?　最悪!!!

吉田　そんな時でもナンパを怠らないんだ……あいつ本物、っていう（笑）。

あさの　伝説すぎる（笑）。そういえば最近、Hさんと会ったんですけど、けっこう落ち着かれましたよね？

あさの☆ひかり✖吉田豪

吉田　そうですか？　最近、グラビアアイドルに「オレのチ●コを見て」とか頼んでるってウワサは聞きましたけど（笑）。

あさの　遊んでんな〜！　いろいろやってんな〜（笑）！

吉田　以前、HさんやSさん、Lさんと一緒にイベントをやったことがあるんですけど、Hさんは下ネタで笑いをとる人たちにすごく憧れているらしくて。いろいろそういう話をするんだけど、生々しくて誰も笑わないんですよね。SさんやLさんの下ネタって、基本自分が主体のオナニーベースなんですけど、Hさんはリアルな手マンの話とかするから、相手の顔まで見えてくる（笑）。

あさの　やだぁ（笑）!!　相変わらずですね。ちょっと安心しました。

胸は減るもんじゃありません

吉田　むしろ、あさのさんが変わってきた感じですよね。

あさの　私はもう、落ち着こうと思って、ホントに。殺られる前に。

吉田　落ち着きたいんだったら、こういう漫画を描いてちゃだめですよ（笑）。今回の漫画で印象深かったのは「キスは断るけど、胸をもむのはいい」っていう話ですね。

あさの　観光地なんで、私の胸は。いろんなオジサンにもまれてきて。

吉田　とりあえず、記念にどうぞ、って感じ？

あさの　ホントそうですよ。むしろ、そういうネタを描かせてもらう代わりに、どうぞいくらでもさわってくださいっていう。さわり方で、その人の今までの歴史がわかったりするんですよね。これまで全然モテなくて、お金を持つようになってから女遊びを始めた人は、もういきなり、生で乳首をさわろうとするんですよ。ここぞとばかりに。

吉田　生!?　服の中に手を入れてくるんですか？

あさの　そうです、ガッと！

吉田　普通、さわっていいっていわれたら、布越しの話ですよね。どう考えたって。

あさの　私もびっくりしました。ちなみにその人は、今回の1話目に出てくるヒルズクラブの人なんですけど。

吉田　漫画ではただ抱き着いているみたいに描かれているけど……。

あさの　実際はピンポイント乳首でしたね。でもまあ、単行本を出してから誰からも手を出されなくなりました。

吉田　「手を出したら描かれる」という思いがみんなの中にあるでしょうからね。それまではけっこうあったんですか。

あさの　ありましたよ！

吉田　だから描ける、と思っていたのに……。

あさの　そう、描けなくなった、っていう……。だから、じわじわ方向転換していこうと思っています（笑）。

101ページからの後編へつづく。

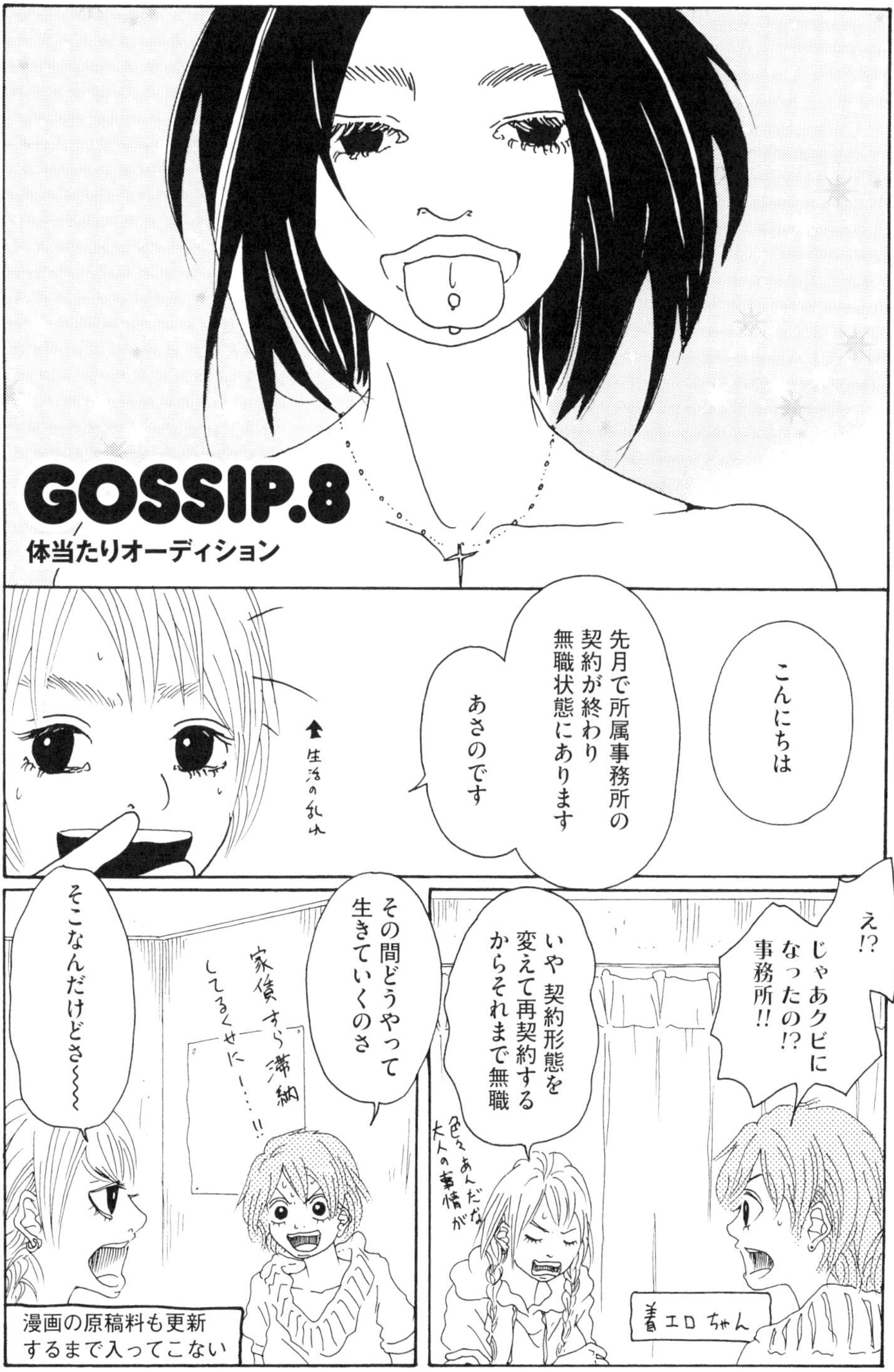
GOSSIP.8
体当たりオーディション
こんにちは
先月で所属事務所の契約が終わり無職状態にあります
あさのです
↑生活の乱れ
え!? じゃあクビになったの!? 事務所!!
いや 契約形態を変えて再契約するからそれまで無職
色々あんだな大人の事情が
着エロちゃん
その間どうやって生きていくのさ
家賃すら滞納してるくせに……!!
そこなんだけどさ〜〜〜
漫画の原稿料も更新するまで入ってこない

F●2の有料配信で稼いだ10万円寄付しないで使っちまうわ
どーん
先々月 F●2のアダルトサイトで脱がずに荒稼ぎしたいわくつきの金です
あれ もう入ってきたの?
うん
申請したからすぐ振り込まれるはず
ポイント換金からの銀行振り込み
はぁ〜〜……
カネカネカネカネカネ世の中生きるってマヂ金だよね
ホント金がすべて
あとは小銭稼ぎにコレ受けようと思って
ぺろん

細●ふみえが風呂で踊ってたヤツ
バス●マン CM オーディション モデル大募集!!
おまえ本気か?
サブメンバーでも1本20万は下らないはず
いやいやてゆーかおまえCM経験ないべ?
CMはないけどPVならあるよ
サザ●の アイ アム ユア シ●ガー
え!? マチで!?
浜で寝そべるギャル役で5秒
どやっ…!
それ 出てるっていえるの?
あとは同じサザ●でメインも1本
体に映像が映るエローいやつ
えー!!
スゴイじゃん!! 見たコトあるし!!

――…の
スタンドインモデル
撮影前の準備で使われる代用モデル
………
おまえホント ろくな仕事してきてないよね？
本当にグラドル!?
当時の社長に 2万やるから やれっていわれて…
しかもそのギャラ ビール券で もらったし
で、後で換金しに行った
おまえ 今も昔も 変わんねーな!!
タク券換金したり F●2ポイント換金したり
まーねー…
タハハ・・・
後日
体当たりで挑んだオーディション
会場にはずらっと並ぶ…

モデルたち
スラ〜〜ッ
!?
モデル募集ってファッション系!?
グラビアじゃなかった!!
完全畑違い
次の方——ブックを
え!? ブック!?
ブック：ファッションモデルは必ず持ってるポートフォリオ（撮影作品集）
ああのブックはないんですけど写メならー…
写メ!? 仕方ないなぁ早く見せて
ふぁっ!?
乳がー… 乳が出とる!!
もはやただの痴女《ちじょ》
——… というわけで…

1次審査で帰されました
ずぅ〜ん…
……当たり前だろ
くっ
20万獲得はならなかったか
人生そんな甘くねーわ!!
いーもんねー今日はF●2の振込日だから
それを糧《かて》に——
スチャ
夕方のニュースです 今日午後 動画投稿サイトF●2の社長らが逮捕され—
ちょっ…
なんかニュースでいってるけど…
ぅおっ なんだコレ
お知らせ
※F●2ポイントの換金が銀行振り込みできなくなりました
え〜〜〜〜!?
社長がとっ捕まったから銀行取り引きができなくなったんだ…!!
私の10万円〜!!!
ウソでしょ〜!?
おまえマチ 今月からどーすんの!?
F●2決済——0円
大恐慌 きたる

GOSSIP.9
困った時はファン様々
（芸能界）大人の事情で3ヶ月干され中…
こんにちは
給料が断たれて早1カ月 毎日支払いの催促電話がかかってきます
あさのです
カード会社やら管理会社やら
しかも何!? この督促状《とくそくじょう》の山
フフフ…
この年で督促状の封筒は赤いって初めて知ったよ…
赤紙並みの威力…!!
着エロちゃん
しかも毎日06ナンバーから着信があるんだけどー
06? どこそれ

大阪ナンバー
生粋《きっすい》のヤ●ザから電話がかかってくる
06 XXXX ΔΔΔΔ
00:25
応答
拒否
姉ちゃん払えん言うてるのがわかるあんのわらな!?
すんごい巻き舌
マチ!?
リアル『ナニ●金融道』じゃん!!
うん…
ホント漫画みたい
…マンガだけど…
家賃も払えてないしホームレスになる日もそう遠くないんだわ…
銀行の口座すら作るの断られた…
ギャハハハハ!!
リアル
カウントダウン!!
だからもう腹をくくることにしたの
——…は?
私——…
明日からネットで「こじき生活」するから
!?
いわゆるネットで第三者に必要物資をこいる行為です

は!?
え!?
何ソレどーゆーこと!?
友達のネットアイドルがやっててススメられたんだけど——…
ガサ
ア●ゾンに「欲しい物リスト」って機能があるのね
そこに商品を載せていくんだけどー…
am●zon
カテゴリー すべて
ほしい物リスト
それをファンに買ってもらうんだって
住所は非公開にできるから買ってもらったモノが直で自宅に届くんだって
マ…マヂで!?
ア●ゾンから直接届くから盗聴器仕掛けられたりもない
それ最高!!
バリボリ
過去さんざん盗聴器やら隠毛やらが送られてきた人たち
でもおまえその前にファンいなくね?
わかってる!! わかってるけどワンチャンさぁ!!
モノは試しとりあえずやってみることに

まず何をリストに入れるかだよね
水!! 食糧!! そこはマストで!!
う〜ん こんな感じ?
・ラーメン
・水
・スープ
・酒
・おかし
・缶詰め
ほかは?
どーせ 誰も送ってくるはずないから 欲しいモノ入れときな
じゃあ 自転車!!
あと プリンターも!!
確かに… あんたの家 駅からアホみたいに 遠いもんね
1番安いの入れとくか
わーい♪
なんかスゴイ楽しくない!?
うん!! 手に入らないのに スゴイ買いモノした気分!!
登録日 リスト管理
希望:1 所有:1
ついでに チャリのカギも 入れトコーよ!!
何色?
選べないから 全色入れトコ!!
じゅる
こうしてリストを作り ネットのニコ生放送で 晒《さら》した次の日——…

ピンポーン♪
カギ5コ
自転車
マァァァヂィでぇええええ!?
さらに次の日
おまえ
スゲーよ!!
ピンポーン
次から次へと届く
ダンボール!!
(総額15万円超え!!)
ピンポーン
何気にネット放送で
視聴者6千人
抱えてるだけあるわ!!
amazon
プリンターまで
届いてんじゃん!!
もうネットで
食っていける
んじゃないの!?
いや自分でも
信じられない…
すると事務所から
連絡が入りまして
あさのさん宛に
贈りモノが
届いていますが

自宅じゃなくて事務所だってよ
なんで?
さっそく自宅に送ってもらったら
あけてびっくり
ど————ん
自分の単行本50冊
ちょっと手紙入ってるよ
え!? なんて!?
…モノは得たけど大事なファンを失ったんだね…
……だな…
ファンでしたが乞食するなんて軽蔑したので返品します。
元・ファンより
この人 発売当初ひとりで50冊買ってくれた人だ…
とりあえず初心に戻るわ!! こじき卒業!!
買ったモノはありがたくちょーだいして
うん
人相ゆがむ前にやめときな

先日テレビの収録がありましたあさのです
うわー久しぶりにアイドルっぽい!!
呼ばれたのは深夜のとあるバラエティー番組
ゲストに千○優ちゃん
河○さん
名○さん
神○さん
あさのさんにはグラドル業界の裏側をバクロしてほしいんです
事前打ち合わせ
キター!!
プロデューサー
当日サロンをはしごし万全の体勢で向かったら
エステ
からの
ヘアサロ
からの
収録
電車乗り間違えて大遅刻かましました
今どこにいるんですかぁぁあ!?
マネージャー
収録4:00からで今、3:40
GOSSIP.10
台本無視のぶっちゃけトーク!

私は日本酒たのみました

あっという間に前半が終了
中休憩
ちょっ――…!! もうできあがってんじゃねーか!!
ひっく
ノイ〜
あんた次出番ね!!?
収録後半戦
次にバクロしていただくのは
自らのグラドル体験で裏側を知りつくした女 あさの☆ひかりさんです
うら〜
ドキ ドキ
てか君いくつ？
え
そこ!?
今年…31です
完全 うさん臭い奴が出てきたって空気
へ〜〜…オレ 君のコト見たことない 本当にグラドルなん？
枕営業についてのバクロということで
あ〜〜〜つらいっ この空気の中でめっちゃつらい

事務所のホームページに載っていない子を多く抱えてる事務所が
たいてい枕を斡旋《あっせん》してます
え———!!?
あたしの事務所載ってない子いるしー!!
P事務所の 手○優ちゃん
底辺世界はいろいろありますから
やべぇ Pのマネジャー めっちゃにらんでるし!!
セッティングだけして寝るのは自分次第っていう状況作るんですよ
マヂでぇぇええ!? ウチは違うよぉおお!?
Pのマネ
そーだ ウチは違うって言えよ!!
尋常じゃない無言の圧
じゃあ枕やってこの業界のし上がってきた有名人てたとえば?
えっ それいわなきゃいけないの!?

私の昔のマネジャーが
その人と仕事した
ことがあって…
こんなん台本に
なかったし…!!
あかんあかん!!
マイク押さえな
声入っとるがな!!
ふじー…
コソ…
コレOA《オンエア》にのったら
樹海or東京湾《とうきょうわん》です
じゃあ河●さん
にだけコソッと
こうして終わった収録
台本ほぼ無視
しゃべりすぎた!!
ごめんなさい!!
事務所的にかなり
ヤバイんじゃー…!!
潰されたり、なんて…!!
——…あさのさん
ワォ…

いや〜〜爽快!! すばらしかったです!
ハッハー!! 見ました!? 向こうのマネージャー!!
!?
この人なら事務所がつぶされても生きていけそうです
しかし帰りのエレベーター内
あそこまでいっちゃって大丈夫なんですか!?
……
ですよね…
帰り道気をつけてね!!
そんなこんなでOA1週間前
次週予告!!
衝撃告白 業界激震!!
ババーン
夜11:58分
グラドル漫画家が枕営業を大バクロ
テレビ
着エロちゃん
……
ほぼ主役かって
おまえ来週どっかの海に浮かぶんじゃね?
めちゃくちゃフューチャーされてるよ?
ひー
やめて!? お願い!!
笑えないから
次回 詳細

GOSSIP.11
T●Sで圧迫面接!?
YOKOYAMA MIDORI SPECIAL THANX!
先日テレビで枕営業の実態をバクロして以来ビビリながら生きてます
というのも
収録当日まで共演者が誰かも知らなかったあさの
手●優!? ヤベェ!!
おはよーございまーす
お久ー
この方のコトもこの方の事務所のコトも漫画に描いたコトがある
何日か会ったんだけど覚えてないだろうな…
台本すら読んでいなかったので収録では大暴走
枕で貢がれた金額は200万です!!
顔がキモイから断ったけど!!
そもそも事務所が枕飲み会を主催してたり——…!!
売春斡旋まがいのことも——…
全部台本にない!!

当然ながらOA後大炎上しました
このブスが200万!?
ワロス
こういう品性のカケラもない女を公共の電波に流すなや
話題作りて
枕断ったとかいってるけど断られたって感じの顔じゃん
高●真麻の妹
売れないグラドルウザイ
こんなに荒れたのはあんたの黒歴史炎上でも初なんじゃない？
着エロちゃん
そうですね…
Y●HOOo!のトップニュースにまで出てるし!!
Y●HoOo
キーワードを入力
トップ 速報 写真 映像 雑誌
主要 | 国内 | 国際 | 経済 | エンタメ | スポーツ
ツイート 229 fシェア 4 コメントを見る
2015年8月1日 12:35
グラビアアイドルが一夜200万円の枕をバクロ

おかげでさっきからツイッターフォローの通知が鳴り止みません
よかったね売名できて
親は？見たんでしょテレビ
それが放送される前にこのメールがきてさ
To お母《かあ》さん
新聞の番組欄見たで!!「底辺グラドルが語る」ってあんた底辺扱いされとるやん!!
いや 正しいから
今さら…
で 放送後から音信不通
え——!! マチで!? ショックだったのかな!?
そのかわりに予定外のところから連絡がきた
え どこ？

T●Sの某
朝の情報番組
明日打ち合わせ
行ってくる!!
!?
マヂで!?
スゲーじゃん!!
フフフ…
ついに時代が私に
追いついたのかな
グラビアデビュー
してから9年…
長かったぜ…!!
まっ!
明日は軽い
話し合いだけだと
思うからさ
T●Sも
ぶっ込むなぁ!!
で 翌日
ゴ…
ゴゴゴ…

マヂで———!!?
TB◯のトップ制作陣が勢揃いっっ!!!
さらに机には私に関する大量の資料が
何が書かれているんだ!!
見てーーー!!!
でもあの番組によく出てくるハゲの人…
社員さんだったんだ
しかしながら打ち合わせは就活の圧迫面接さながら
てゆーか私T●S受けて落ちてるがな!!
「情熱大陸みたいな番組を作りたいです!!」
って言ったら「NH◯に行け」って言われた
当たり前
忘れもしない局長面接っっ!!
とりあえず今日はこの辺にしてまた後日連絡します

手応えがあったのか
どーかも
わからんですね
あー
大丈夫でしょ
200万の枕の話とか
くいついてたし
←マネージャー
実際やってないのが
偉いわって
あ
親から
電話だ
出ていいスか
ヴヴヴ
お母さん
実家
もしもー…
おい
200万積まれ
たならもらって
おけよバカが
いやー だってそれで
変な関係になるのも
そこはうまく
かわすんだよ!!
あんたもまだまだ
甘ちゃんだねぇ!!
つぎ 金積まれたら
お母さんに相談しな!!
半分
よこせってか
この親にしてこの子あり
某番組出演なるか!?

GOSSIP.12
仕事もなければ恋もねぇ!!
このたびあさのさんにT●Sの深夜番組「有●ジャポン」から
出演依頼がきたらしいでーす
著エロちゃん
ケンタッキーナイト
モリ モリ モリモリ モリモリ モリ
すごくね!?「サン●ャポ」にも出るっていってたよね!?
いやそれが「有●ジャポン」のほうになった
確かにおまえに生放送はヤバイか
NGワード連発しそー
いやそんなコト今どうでもいいんだよ

1カ月前に彼氏できたのにもうフラれたんだけど
ど…ん
祝・31ちゃい
今日誕生日だよ〜
31歳になっちゃったよ〜
大殺界(本厄)到来です
しかもお金貸しててさ…
えぇ!?
万年貧乏なあんたが!?
相手無職のニートで…
………
でもフラれたしお金返してほしくて
※返して欲しいな
9万円
よりによって奮発していったレストランでフラれた
彼
あー
それなんだけど…
彼

お願い!!
8万5千円に
まからない!?
よっ!
もう一声!!
その微妙な端数何!?
だったら9万出せよ!!
セリかって
てな!!
築地じゃ
ねーんだよ
バカヤロウ!!
おまえ
本当に見る目
ないよね
…うん
しかも思わず
ツイッターで
つぶやいたらさ
あさの☆ひかり
男運がない女の霊に
取り憑かれている臭い
ファンからリプライが
カヲル
@Asano_HikaLi
除霊なら簡単に
できますが…
マヂで!?
@Asano_HikaLi
希望されるなら遠隔で
護符の印を飛ばせます
スゲェ!!
今すぐに!!!

で
半日後に届いた画像がコレ
1枚目
遠隔エネルギーで飛ばす
2枚目
除霊のエネルギー
・・・・・
ギャハハハハハ
くっそ!!
つーかこんなん
私でも描けるわ!!
3秒!!
3秒もかかんねーー!
てかコレ
ま●こでしょ!?
ま●こに変な気
送られてんべよ!!
やめてよ!!
ハァ…
なんで変な人
しか寄って
こないんだろ

恋がしてぇぇぇ
とりあえず31歳
恋がしてぇ——!!
祝
あきらめなって
いいじゃん 仕事はいい感じだし
とりあえず乾杯しよっ
あ、
マネジャーから着信だわ
もしもしー
あさのさん?
「有●ジャポン」の件でー…
編成の都合で
今回の出演
バラシ※になりました
ピシャーン
※バラシ→オファーがキャンセルになること

仕事も恋も 全部うまく いかない31歳の 幕開け
さすがにもう フォローできない
こーなったら 旅にでも 出るかな
ハァッ あ、でも お金ないや
あさのさん!! でも地方番組の 出演は何本か 決まっているので
あ〜 ハイハイ ありがとう ございます
フラ〜
ホント地上波に 縁がねえな…
あとサスペンスドラマ のオーディションも 入れたのでよろしくです
ハ!?
ドラマ!?
ちょっ 待ってよ 私 演技なんて できないけど
何考えてんの 大丈夫かよ!?
……
私よりマネジャーのほうが 暗中模索しています

GOSSIP.13
バクロ漫画の代償きました

奥さんにバレたらしく
イモづる式に関わってた
女が被害にあってんの
プラ〜ン
あその
その中のひとりが
私です
漫画でクッソ
悪口描いたから
まー仕方ないん
だけど
それ引っ越しても
また特定される
じゃん!!
ま
そんときは
そんとき
みたいな!
別にやましいコトは
してないし恨むなら
他の女か旦那
だろ!!
明日サスペンスドラマの
打ち合わせ終わったあと
不動産屋いってくるわ
いやおまえの実生活が
サスペンスだわ!!
てか
私も物件
見たーーい
次の日

どうだった？
打ち合わせは
ドラマ決まりそう？
ず〜…ん…
おっ
おう!?
マネジャーのクソが
出した役がまさかの
犯人役（主役級）で
その場で落ちたわ
手違いにも
程があるだろ
バカタレがっ!!
そっそりゃあ
あれ!?
芝居歴は!?
ねぇよ!!
ワンチャンちょい役
でよかったんだよ!!
てかあたし最近
テレビ運なさすぎ!!
「有●ジャポン」
も流れたし!!
まーまー
家相変えれば
運も上がるさ
次っ次っ!!
ざくらや

あさのさんにご紹介できる物件
ほぼないですね
えっ…
そもそもこの年収で都心に住むのが無謀なのと
そ…そんな…!!
過去ブラックリストに入っているので5年は保証会社の審査が通らない状況です
あれか!!
あのフ●ミマTカードか!!
支払い遅れで昔 大阪のヤ●ザから鬼電きまくってた
そこをどーにかー!!
カード関係の審査がないところで探すしか
そこをお願いします!!
だー!! もうホント一生フ●ミチキ食わねー!!

3日後――…
ひとつは保証会社の審査は通ったんですよ!!
おぉっ
ふたつ物件を見つけまして
でも物件のオーナーさんから直接NG出ちゃいました
そんなコトってあるんですか!!
いやボクも長年不動産やってて前代未聞でー
どうやらあさのさんの名前ググられちゃったみたいでー…
まさかの芸能NG
枕営業
暴露漫画家
底辺グラドル

でもラスイチは大丈夫でした
ホントにココだけだったんです!!
マヂですか!!
そこで!! もうそこでお願いします!!
こうして内見すらせずに決めた物件
カギの受け渡し日
@保証会社
ショート 3,030
ご休憩 5,190
ご宿泊
(株)
まさかのラブホ街にあるとは…
黒塗り
ベンツ
完全ヤバイ系?
そこで書かされた大量の違反項目書類
家賃が1日でも遅れたら
倍額支払い
などなど
完全法律ギリアウト系
社員さん… 絶対カタギじゃない…
コレリアルサスペンス劇場じゃね!? 大丈夫か!?
家相をかけたはずが闇の世界にイン!!!

GOSSIP.14
ホストが家にいついてます…
先日ついに
ア●ムデビュー
しました
あさのです
はっじっめてぇ～の
ろ●～ん♪
なんだア●ムの
CMでも決まった
のかと思った
着エロちゃん
なわけないだろ
50万円借りたの
引っ越しのために
ホント即日借りれるんだね
あーゆーのって
あ、
そっか!! どーよ
住み心地は!?
いいよね～
新居のあの
独特な香り
いや
いいもクソもー…

歌舞伎町《かぶきちょう》のホストが新居にいついてんだけど
めくるめく歌舞伎町臭が放たれています
は!? え!?
なんで!?
ひょんな出会いで引っ越し手伝ってもらった日からくるようになってさ
最初は飲みいくくらいで楽しかったけど
ホストにハマってる芸能人教えてやんよー
まず○澤○さ○でしょー
さ、接客したから
えーマジ!!
今やいついて帰らないっていう
もう3回目。マジで帰れよ!!
ガー
ガー
えええええ!?
なんでそんなの拾ってきたの!!
捨てなよさっさと!!
だよねぇ!! 今日こそいってやるわ!!

ただいまー
お――
ムシャムシャ
モショ
またハム食べてる…
このムー●ンみたいな顔で歌舞伎町No.2とかホストは顔じゃないんだな
郵便きてたよ年金未払いの最終勧告
ちょっ――…!!勝手に開けるなし!!
今年中に21万だって大丈夫なの?
21万!?ウソでしょ!?
てか封筒がヤバイ!!蛍光イエローじゃん!!

ちょっくら年金事務所いってくる!!
年金
相談
はい
このまま未払いの場合
1月には差し押さえかと
そんなー!!
相談窓口とかいって相談じゃねーじゃん決定事項じゃん!!
待っていただくのもムリですよねー
はい
ヤベーー!!
借金が71万になってしまった!!
待てよ?それに利息が絡んだら——…

85万!!
年金21万+延滞金4万
ア◎ム50万+利息10万
=85万
ヤバス!! 全然ワロエナス!!
いい風俗でも紹介しようか?
いや マヂな話 シングルマザーの客を風俗で働かせて月に100万貢がせてたから
俺に
子持ちの女性から金しょっぴいてんじゃねーよ!!
外道めっっ
いや ピカリンが好きな人以外とヤラないのはわかってるよ?
俺も手ー出す気ねーし
当たりまえだろ!! ハムばっか食ってるヤツとヤルか!!
モキュ
モキュ
イラ イラ
べつにエロなくても添い寝だけでオッケーな店もあるんだって
添い寝―― だけ?

池袋《いけぶくろ》にあるんだけど おさわりゼロで1日10万以上！
会員制で顔バレの心配もないから 俺のモデルの友達も働いてるし！
え？芸能人が風俗やってるの？
風俗じゃないよ おさわりないんだから それならピカリンもやれそうじゃない？
ムー●ンのうまい話に乗って
ムー●ン谷に突き落とされるか
ワンチャン芸能人ネタが拾えて
借金返済もできるか 断るか——…
選択肢はひとつ——!!
やる ソレ 紹介して
次回 添い寝デビュー

GOSSIP.15

まさかの添い寝屋デビュー!?

大竹《おおたけ》さま《(ホスト)》よりグランドピアノのお届けです
クソホスト頭わいてるとしか思えません
あ!! ピカリン届いた!?
タイムリー！
どかどか
おまえ!! ふざけんじゃねーよ!!
何ピアノって!?
デブだから冬でも半ソデ
えー ピカリンピアノ弾けるでしょ?
ピカリン家《ち》で習いたいから置かせてよ
置けるかアホが!!!
うち8畳一間だよ!?
えー ケチー
スミマセン!! 返品でお願いします!!
うわ コレ 100万もするのかよ
どーせ太客に買わせたんだろうけど
明細書
¥1,090,000

ハム食べよー
マヂでありえない
縁切りたい…‼
でも仕事紹介してもらったしな
次の日
面接@池袋
これはー…‼
わかる‼ 笑いの奥に潜むカタギじゃない感
あの添い寝でお金が稼げると聞いて
HPも見て来たんですけど

あなた お金に困ってんでしょ？
世の中そんな簡単に稼げませんから
あえてそういって素人つってんです
え!? でも おさわりなしって…
うちは素人《しろうと》が売りのイメクラだから
クソホストー…!! 話が違うし!!!
じゃなきゃ来ないでしょ
イメクラ：コスプレで性的サービスをするお店
あれ？じゃあ芸能人が働いているってのも…
いますよ
芸能人かぶれの食ってけないタレントなら
ソレ私じゃん!!
あコレが給与体系ね
指名
60分 -6000円
80分 -8000円
100分 -10000円
120分 -12000円
安《やす》っっ!!

じゃ とりあえず 今日は体験入店 やってもらって
はーい!
じゃ その前に お手洗いにー…
バタンー…
ダッシュ逃げ
バカやろぉぉぉぉ
ゼーハー
クソホスト 殺してやる!!
ん?
ポスト
ドーン!!
浅野 光
(基礎年金番号: [redacted])
第 [redacted] 号
督 促 状
平成27年度
内閣府及び 厚生労働省所管
年金特別会計
平成26年 8月分から 平成27年10月分まで
国民年金保険料
231,130円
指定期限 平成28年 1月 4日 限り
納付場所 日本銀行本店、支店、代理店、歳入代理店、納付受託機関、日本年金機構年金事務所
上記のとおり納付してください。
指定期限までに完納しないときは、納期限の翌日から法律に定める金額の延滞金を徴収します。
実際は赤いです… 封筒が赤紙っ!!
年金未払い
財産差押えの督促状

もうあかん…人生詰んだわ…
プラス現在借金85万超え
2016年は借金王になる!!
しかしそこにきた1通のメール
○○業者の松本《まつもと》と申します
このたびあさのさんにお仕事の
ご相談がありまして
ぜひ一度ご連絡を――…
ん?ホームページ経由から?
30分で20万円も稼ぐコトも可能です。
あもしもしー松本さんの携帯電話でよろしいでしょうか――
あそのです!!
2016年 本厄が止まらない

あさの☆ひかり✖吉田豪

ASANO HIKARI× YOSHIDA GO
芸能界ぶっちゃけ対談［後編］

あの事件は「プレイ」のひとつだった⁉

吉田　２０１６年は、クスリで捕まった芸能人がけっこういましたけど、あさのさんはやらされそうになったことはないんですか。

あさの　あります、あります。業界人が集まるパーティーとかで、知らずに飲み物に入れられていたりとか。

吉田　クスリをやっていた人に話を聞くと、「とにかくセックスが気持ちよくなるんだ！」っていいますよね。クスリをやってしまう理由として、それが大きいはずなんだけど、そのへんはあまり報じられないという。

あさの　クスリとは関係ないですけど、セックスがらみで思い出しました。Tの強姦事件……あの真相はなんだったんだろう。

吉田　あるスジから話は聞いてますよ。

あさの　あるスジ（笑）。

吉田　「私の友達がTのセフレでした」っていうアイドルの子がいて、その子

あさの☆ひかり×吉田豪

から聞いた話が、とにかくTは行為がドSで、つねに相手の首を絞めたり、お母さんからもらったアクセサリーをクチの中に突っ込んできたり、そういう人らしいです。「和姦だと思っていた」というようなことをいってましたけど、ホントに和姦だと思って首を絞めていた可能性も高いんですよ。

あさの　ホントに悪気はなかったのかもしれないのか……。

吉田　あったとしても、なかったとしても、首は絞めていたと思いますね。そこのナゾだけは解けた。

「まじめ」が起こした不倫騒動

あさの　不倫騒動も多い年でしたよね。

吉田　不倫で一番印象深いのは、Oくんの話かなあ。ボク、今までに3回くらいOくんにインタビューしたことがあるんですけど、毎回女遊びに関して聞いていて。彼がホストをやっていた話も聞いたし、一緒にゲイバーにいった時は、美人のニューハーフを見て「彼女のだったら俺、チ●コくわえられるよ！」って叫んだり、さらにすごいのが、彼、ふたり目の子どもが生まれる瞬間、ゲイバーでお店の子を口説いていたんですよ。そういうOくんのゲスっぷりを全部、オープンにしてきたんですけど。

あさの　気持ちのいいゲスっぷりですな（笑）。

吉田　本人はショックだったと思いますよ。まじめ扱いをされすぎて、それがイヤでツイッターやボクを通じて、自分がいかにゲスなのかということを全部出していたのに、不倫騒動が出た時に、世間が「まじめな人だと思っていたのに、だまされた」ってなって……。

あさの　世間はまだ、そんなイメージですよね……。そういえばBの不倫騒動のあと、Sの事務所の人と合コンをしたら、みんな死んでました。

吉田　うちの事務所はもう、先が見えないんだ、って？

あさの　そうそう、一番の稼ぎ頭だったでしょうからね。

吉田　Bにも以前、インタビューしたことがあるんですけど、痛い目にあいましたよ。

あさの　えっ、痛い目!?

吉田　ネガティブなことはいわない主義の人だから、インタビューとしてまったくおもしろくならないんですよ。たとえば「昨日、お父さんとケンカしちゃったんです」っていうから、差し支えなければ教えてください、っていったら「差し支えあります」で終わっちゃったり、最近悩んでいることはありますか？　って聞いたら、「この間、大学の友達とキャンプにいった時に、砂をいじったらツメがボロボロになったことかな～」っていわれたり……。そんな話を聞いてるんじゃないの、わかるでしょう!?　っていう。みんなにポジティブを与えたい、っていうのはわかるけど、つらいことがあった上のポジティブだからいい話として成立するんじゃん、って。

あさの　テレビで見るキャラを、そのまま保っているんですね。

吉田　異常なストイックさで生きてきたことが、弊害になりましたよね。「仕事に恋愛を持ち込むのは間違っていると思う」というようなことを公言していましたけど、そんな人が、こんなことをして、ってなったわけだから。

裏に見える事務所の黒い力

あさの　不倫が多かった反面、結婚する人も多かったですよね。そういえばAとNの交際・妊娠報道は、結局なんだったんですかね!?

吉田　スクープをした新聞社から「妊娠しているということは、ちゃんと本人に確認せずに記事にしてしまいました」といった不自然な謝罪文が、ついに出ましたね。Nに直接取材をしなかったことだけを謝っていて、何かの関係が見えてくるというか……。怖い事務所の人がNをかわいがっていて、自分にだまってこういう話が進んでいることに激怒している、とか一部で報道されてましたけど、ああいう謝罪文を見るとリアリティーがましてきますよね。

あさの　あれ、完全にガセネタだった、ってことなんですか。

吉田　単なるガセだったら、2発目の記事は出さないですよね。よっぽど何か裏はとっていたと思うんですけど……。ただ、本人に確認をしていなかった、という落ち度だけを突いてきたのかなって推測はできますよね。

あさの　こわ！　めっちゃ圧力ですね。新聞社も、そこから圧がかかるなんて思っていなかったんでしょうね。

あの消えた大物芸人は今

吉田　最後にすごい話をしてもいいですか？　最近、とある仲のいいバンドの人から「ある人に紹介されて、この人と仲良くなったんですよ」って写メを見せられたんですけど、人相の悪い、額に剃り込みが入ったような長髪で、黒くてガタイが良い人で……。全然わからなかったから、誰ですか？　って聞いたら、Sさんでした。

あさの　ええ〰〰!!?　うそ〰〰!?　ヤバい〰〰!!!

吉田　すごいアウトロー感出てましたよ。Sさんファンのボクですらわからなかった。

あさの　Sさんがいなくなってから、ファミリーにいたグラドルたちがソッコー全員結婚しましたよね。ある芸人さんから聞いたんですけど、某野球選手と結婚したあの子だけは、そういう関係はなかったらしいですよ。「そういうのはイヤです」というのをあからさまに出していたらしくて。

吉田　ボクもカッコイイ話を聞いたことがあります。Kがほかの女の子を守ってあげた話とか……。ファミリー全員がそういうことになっていたわけではないみたいですね。ボク、一時期「反S」的な原稿を書いたことがあるんですけど、なんでそんなことをしたかというと、全然仕事の接点がないような子に突然「今日ホテルとってあるから」みたいなことをいって、その子が断ったら、仕事を干すようなことをしたって聞いて。何をしてでものし上がりたい子に手を出すなら全然いいけれど、そうじゃない子にやってはいけないでしょって。

あさの　カッコイイ!!

あさの☆ひかり×吉田豪

吉田　その断った女の子を、Sファミリーの芸人何人かで呼び出して、「おまえ、なんで断ったんだよ、なんでSさんにヤラせないんだ」っていったって聞いて。最悪でしょ、それ。

あさの　最悪！　芸人て、みんなそうしますよね。仲いいのでつるんで、後輩がアシストする、っていうのが常ですよね。

吉田　ボク、以前Sさんが司会をやっていた某番組の打ち上げに紛れ込んだことがあるんですけど（笑）。すごい盛り上がって楽しんでいる会だったのが、S&Sファミリーが入ってきたとたんにシ〜ンとしちゃって。一番後ろにSさんが座って、ずっと貧乏ゆすりをしていて、その周りをファミリーが固めてて。彼らがいなくなったらまた盛り上がりはじめたのを見て、Sさんの時代はそう長くないわ、と思ったんですよ。その1年後くらいにあの事件が起きて……。

あさの　あの時、私、Sさんがあんなことになるとは思っていなかったですけど、いろいろあとからつながりますよね。芸能人で一番ブラックだなーっていうのって、やっぱりSさんですか？

吉田　いや〜、いろいろいますよ、そんな人は。最終的には、人望やかわいげの問題になるじゃないですか。Sさん復帰に動くぞ！　っていう若手は全然いないですよね。相当うまい目を見てきた人たちでさえ立ち上がらない。

あさの　たしかに……！

吉田　ちゃんと待っているのは、Aさんくらいですから。

あさの　Yの芸人さんに聞いても、Sさんのこと好きっていう人は聞いたことないです。Aさんことは、みんな大好き、大好きっていうんですけど。

吉田　あの人望のなさは異常ですよ。

あさの　でもホント、Sファミリーは離れられてラッキーだったと思いますよ。じゃなきゃずっと機嫌をうかがってニコニコしてなきゃいけないし、結婚もできないし……。

吉田　そういうあさのさんは、来年（2017年）結婚するんですか？

あさの　いや〜どうだろう。わからないですね〜（遠い目）。結婚するかも……っていう人はいるんですけど。今回の、最後のほうの漫画に出てくる人で。

吉田　ああ、元彼の。

あさの　先日、その彼とのことを占ってもらったんですけど、「とんでもない条件をつきつけられる」っていわれて。どうなるんでしょうね!?　ハッピーエンドで終わるのか!?　バッドエンドで終わるのか!?

吉田　いや〜恐ろしい（笑）。うまくやりたいもんですね、何もかも！

あさの　とにもかくにも、ふたりとも消されないといいっスね（笑）！

２０１６年11月某日　都内某所にて対談

2016年
借金を85万円
ため込んでます
あさのです
本厄しょっぱなって年末あたり死ぬんじゃね
髪切りました
しかしそこに
舞い込んだ
ウソみたいな話
あさのさんにお仕事の
ご相談がありまして
30分で20万円稼ぐことも可能です
20万とか
超でかいし!!
1カ月1万円生活
して3kgやせた
うさんくさいが
話だけでも
聞こうっと
待ち合わせ場所
表参道
Door前…
どうもー
F●2業者の
松本でーす
GOSSIP.16
1分で1万円稼ぐワザ
この後 ガチで20万円
稼ぐことになるとは微塵《みじん》も
思っていないあさのです

一度お会いしたいと思っていたんですよー
とりあえず何飲みます？
高《たか》っっ!! ワイングラス1杯2千円以上!!
ここのアワビがおいしいんです
このパターンエサで釣る気か!!
あの F●2は私も1回やったことあるんですけど
けん制
あぁ個人でですよね
見ましたよ
実は業者が絡むともっと稼げるんです
2時間で60万稼ぐ子も余裕でいたり

でもそれアダルトですよね
ハイですが男と絡むとかはないのでひとりでエロを演じるだけ!
ヘタな風俗やるより人気なんです
顔は隠してオ〇ニーだけとかね
あさのさんの場合ネットでの知名度が高いので脱がずに稼ぐことも可能ですよ
人が集まってナンボなんで
マヂすか⁉
確かに…ニ●生とか出れば1万人は視聴者集まるからな…
ムダにアンダーグラウンドで知名度がある人
ちなみに僕のところに所属している子は僕が放送中に指示出していますから
ゆっくり足開いて
そろそろパンツおろそうか
モニター越しに指示打ち込む
えー…
てことは――

所属している女の子のアソコ全部見てるってコトですか!!
お待たせしましたアワビになりまーす
ちなみに今でも何人くらいのアワー…女の子を？
千人くらいですね
チっっ!?
そんだけ見てきたら価値観変わりそう…
あさのさん この後お時間ありますか
せっかくなので配信しましょう
えぇ!? 今からですか!?

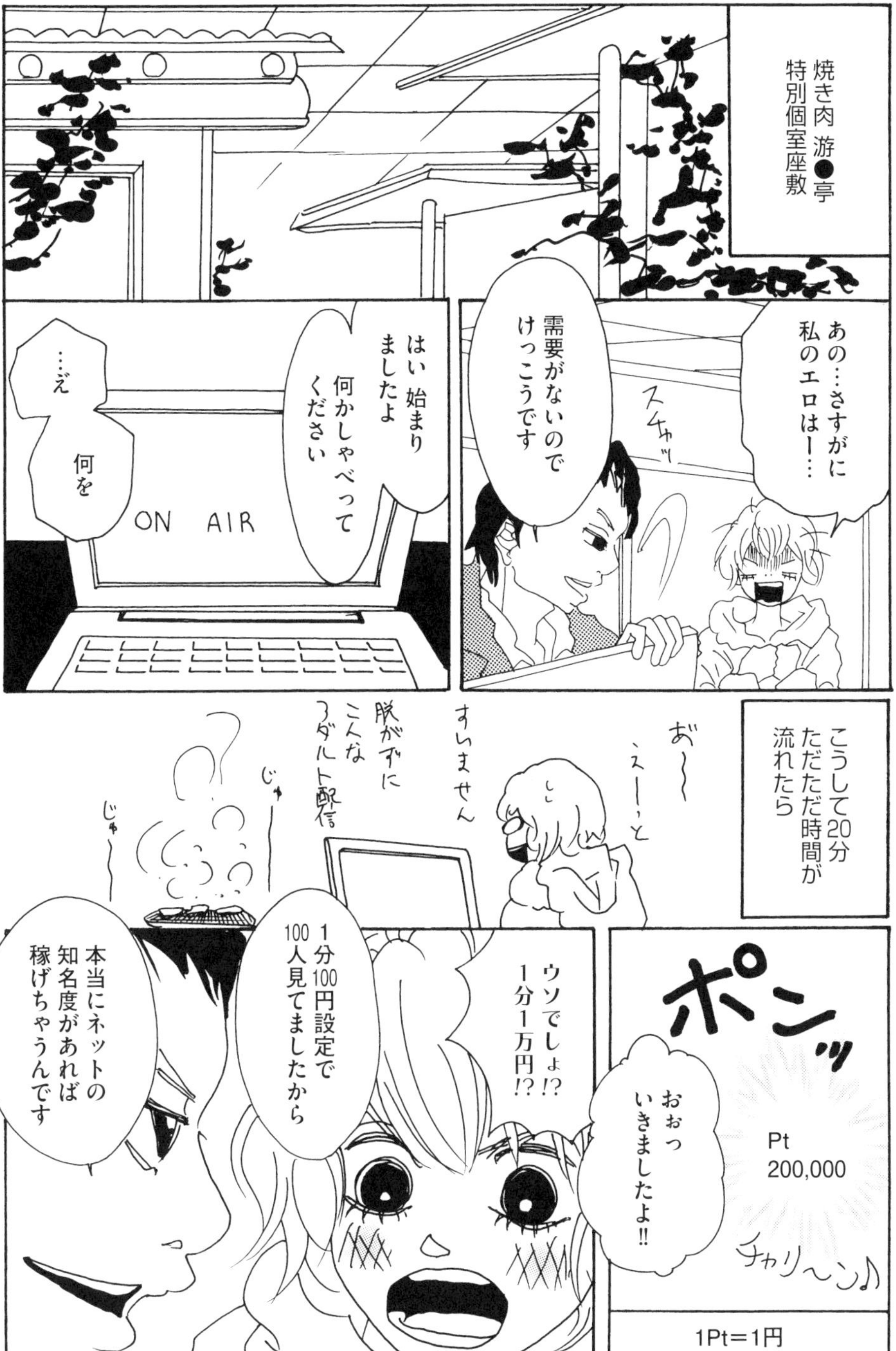
焼き肉 游●亭
特別個室座敷
あの…さすがに私のエロは…
スチャッ
需要がないのでけっこうです
はい 始まりましたよ 何かしゃべってください
ON AIR
…え
何を
こうして20分ただただ時間が流れたら
お〜
えー、と
すいません
脱がずにこんなアダルト配信
じゅ〜
じゅ〜
ポンッ
Pt
200,000
チャリ〜ン♪
1Pt＝1円
おぉっ いきましたよ!!
ウソでしょ!? 1分1万円!?
1分100円設定で100人見てましたから
本当にネットの知名度があれば稼げちゃうんです

これで借金返せますね！
来月には振り込まれますから
わー！よかった!! ホント今生活ヤバくて…
翌月
ATM
残高　残高をお確かめの上 終了を押してください
◇続けてお取り引きされる時は はい を押してください
金額　0 円
はい
終了
!?
この日の振り込みを頼りに生き延びてきた人
なんで!? 振り込み今日だよね!? なんで支払われてないの!?
ちょっと松本さん!? あれー…つながんなー…
マヂで!!?
次回 真相

GOSSIP.17

絶対に脱ぎません!!

そのお金にすべてをかけていたあさの
むくり…
全財産58円（借金あり）
まさかここまで落ちるとは思ってなかったぜ
実家に帰る電車賃すらないっていう…!!
もう動くのすらもったいない
スー…
人は金がないとナチュラルに即身仏になれる
はっ
RRRRRR
RRR
F◯2 業者さん
待ってました!! 松本さんっっ!!!

未払いの件でお電話したんですが
F○2本体のシステムにエラーがあったらしく
ちょっとすぐには入らないかと
マ…マヂすか…!!
ヲワター!!
もしかしてあさのさん今相当困ってます?
ドキッ
もしお金がすぐに必要なら別アカで配信してくれたら給料払いますよ
日払いで
マヂすか——!!?
神様!?
別アカ:業者の別アカウント
それって自宅からできるんですよね
やります!!やらせてください!!
てゅーか今っからやりますっっっ
どうにか即身仏はまぬがれたぜ!!

F○2ライブ アダルト
2ショット開始
コンテンツ▽ 設定▽ 管理▽ ソフトウェア▽
カテゴリーを選択してください
配信する
1対不特定多数ではなく1対1の密談アダルト
通常より高額のポイント設定ができる
F○2配信 2戦目
今回やるのは2ショットチャット
やっぱりエロいこと要求されますよね
さすがにまた脱がないとかはありえないし
まー そうですね―
オ●ニーはマスクつけて顔隠したほうがいいですよ
スクショされたら一生ネットに残っちゃうんで
ひぇええええ
これが売れなくなったグラドルの成れの果てか…
一応下着マシなの着けとこ…
無駄なプライド
準備はいいですかー? 電話切りますよー
ハイッ
いざっっっ
1名入室しました

でで〜〜んっっ
なんか出てる
中・真っ赤
シコ
シコ
!?!!?
イチジク〜!?
みたいなチ●コ——!!?
ぎょえ——!!
絶対ヤバイヤツや——
お願い…
イカせて…?
お願い…
ののしって?
シコ
シコ
シコ
シコ
完全なる
真性包茎《しんせいほうけい》
え何言葉で責めてほしいの?
うん…
ああイク…
アホか——!!
イクな——!!
貧相なチ●コさらしやがって
このイチジク男があぁぁぁあ

ドプッ
ありがと〜〜〜
ぷっ
OFF LINE
ゼー
ゼー
ハー
M男1体昇天
その後も
責めて…
…
その後も
女王さまっっ
…
その後も
なめたいだと!? ふざけるな!!
下僕の分際で…!!
もうおかし食べながらやってる
あぁぁ
ノッてきた
チャカチャカ
(2ショ&通常配信含む)
40万円
チーーン!!
(400.000Pt)
2ショで脱がずに稼いだ人初めて見ましたよ
あっはっは
いや〜〜〜
コロ
てゆーかもはやこれで食ってけんじゃね!?
M男のビッグウエーブに乗るしかない!!

GOSSIP.18
原因不明の病魔到来
2016年 本厄の女 どうにか半年 生き延びました
あさのです
あと半年
仕事もちょいちょい メディアに出たり
激辛大食い 対決――!!!
某番組の生収録
こうやって日々を こつこつこなせば いつか日の目に…
そう願い生きて きたはずなのに

あさのさん
急性肝炎《きゅうせいかんえん》の
疑いがあります
限りなくライフゼロに
近い なうです
とりあえず
血液検査を
しましょう!!
かかかかかか肝炎!!
がーンがーン
がーンがーン
そもそもの発端は
というと
これを
完食
してから
激辛
カレー
その後すぐに
発熱したわけで
38!?
以来 一向に
熱が下がらず
むしろ
上昇
TERUMO
ピピピ

3日目には40℃の大台に
初めて見たっっ
あかん コレはもう人間の体温を超えている!!
救急にいこう!!
深夜3:00
即 病院に電話
すみません 今40℃の熱があってそちらにうかがっても
あ―― いいっスけどぉー
今きてもらってもお金だけ払ってもらって――
日中にまたきてもらうことになりますけどぉ――
はっ!? ソレ救急の意味なくね!?
いや今 死にそうなんで 日中じゃなくて 今なんとかして ほしいんですけど
日中になりますね――

あさの医療機関の限界を知る
ダメだー……
——…とりあえず
——…死のう!!!
翌朝
パチ
玄関前で蘇生した
タクシーでべつの病院へ
地元は整形か美容クリニックかしかねーのかよ
バカヤロー
ずみまぜん
初診で
真夏日にものスゴイ厚着
は…はぁ
実はあさのこの時点で肝炎じゃないかと疑っていたわけで
だって初期症状がほぼ一緒っ!!
発熱
風邪っぽい
食欲不振
刺激物
薬or食べモノでもなる
ぞ
カレー!?
でもおしっこは褐色《かっしょく》じゃないんだよねー
じょぼぼぼ
ぜ
ぜ
トイレはキレイに
これでそうだったら間違いないのに
尿検査中

!?
真っ茶色…
肝炎待ったなし
き昨日まで無色透明だったのに!!
何事!? 病気が進行したってコト!?
こうして血液検査も終わり 結果が出るまでの丸1日
あたし…もう死ぬんだ
ウッ
てゆーかそもそも毎日酒飲んでるし肝硬変《かんこうへん》になっててもおかしくないってゆーな
ぴえ〜
今さら不摂生後悔だよおおお
こうして10年ぶりに受けた検査の結果は

誰か内臓全部売ってください
肝臓《かんぞう》よりもほかに問題が
肝数値も高いんですが
このCRPっていう体に異状反応が起きている数値が通常なら0.3以下なんですが
あさのさんは20倍の6.59で…
C反応性蛋白（CRP）6.59
20倍!?
それってもう死んでません?
ハァ…でも原因がなんなのか…
とりあえず大病院で再検査ですな
ノンストップあさの!!
ノンストップ厄年!!

GOSSIP.19
震える自衛隊合コン
原因不明の病魔に侵されています
あさのです
リアルに朽ち果てそう
40℃の発熱が続いて1週間
毎朝点滴を打ちに病院へ
腕ボコボコ
薬中患者みたい…
血液検査で異常があるも首をかしげる医者
総蛋白 7.7
H AST 60
ALT 24
H GTP 40
尿酸 3.0
中性脂肪 57
H CRP 6.59
これが通常の20倍!!
病状が進行するまで待つしかないな〜
それもヤバくない!?

自分でググれば出るわ出るわ疑わしき病名の数かず
Google
高熱 病気
髄膜炎 胆のう炎
白血病
急性肝炎
※大人で4日以上続く高熱は風邪以外で重篤な病気の可能性があります。
ガーがががががが
あたし死ぬんか
思えばびみょーな人生だったなー
いい恋とか全然してこなかったし
『死ぬまでにしたい10のこと』って映画あったけど10もねーし!!
恋がしたい!!
いや
もう最悪最後にイケメンに出会えればそれでいい!!!
ワンチャンどっかの大病院に入院したらその主治医とか!?
あくまでイケメン
ハッ
でも今の体誰かに見られたくない!!
おフロ入ってないし
体毛ボーボーだし
ベトベト

下の毛をそろう
熱ゆえ《40℃》の誤った判断
自宅でできる
ブラジリアンワックス
SURGI
Amazonで
2980円
バリバリバリベリ
ボリ
ゼー
ハー
ボリ
ボリ
ゼー
ボリ
ベリ
バリ
よし
いつでもきやがれ
ついでにひとっ風呂
完ぺきだわ
ハー
ゼー
ゼー
ゼー
はぁ…
これで悔いなく
残された時間を――
ゔゔッ
ゔゔッ

着エロちゃん
海上自衛隊の幹部らと合コンあるけどくる？
……
でーん
ぜハー
ねぇ自衛隊ってスゴイんだけど
今日さそってくれた着エロちゃん
え？
ぜーハー
ちょっと早くお店に着いたらさー

全員整列して待機してた
!?
さすが国防すばらしいよ
日本の平和バンザイッ
ウーロン茶
ねーー
てか顔色ヤバくない？カゼ？
酒飲んでないし
悪寒……
え!? あ!? 大丈夫!!
冷房冷えますか？どうぞジャケットよかったら
ありがとうございますー!!
LINE交換
ボク、潜水艦の操縦士なんです
余生ラストに願いかなったり!!

その夜
ん？
ゼー
ハー
LINE…じゃない
テレビ電話!?
Fa●e Time…
ハ!!
あの すみません!!
誤操作で……!!
今日の
操縦士
……
さらに次の日も
わ!! またっっ
すみません!!
誤操作で!!
てゆーか
トイレ中？
ズボン脱げてっけど
あいつが操縦士とか
リアルに日本の国防
ヤバすぎだろ
ミサイル本土に誤発射するやーつ
あれ!? ひかり
体調は!?
治った
色々冷めて
色々我に返ったら
血液も正常値
スッキリ
てゆーか私
今年中に
結婚するわ
死にかけて
悟った!!
え!?
次回
あさの
元カレに会いに
海外に飛ぶ!!

GOSSIP.20

結婚のためいざ海外へ!!

プシュウウウウ〜
で到着早々轢《ひ》かれました
inマレーシア
ありえねぇ‼ 国境越えてまで厄年の波動がっっ⁉
いや
おめーが突っ込んできたんだろーが‼ なんでキレてんの⁉
マ〜〜〜 マ〜〜〜 マ〜〜〜
なんか言ってる マレー人
ううっ…しかも元カレから既読すらつかないし
そもそも会えるのだろうか
前日に「いくよ」LINE送りつけて返信なし
つーかこんなトコで足止めくらってる場合じゃねんだよ‼
ダッ
マ〜〜‼ マ〜〜‼ マ〜〜‼
ヨロ

パトくん《元カレ》
この国でひとりで会社やってるのか
スゴイなぁ
てかこの国ケ●タッキーありすぎじゃね?
マレーシアは宗教上 豚肉がＮＧなので その分いたるところにケ●タッキーがある
ちなみにパト君とはグラビアデビュー時もつき合っていたわけで
生○斗真似のハーフ
出会いは大学の入学式
ひと目惚れ
キャー
かっこいー♡
よく考えたら最初はパト君に内緒でデビューしたんだよな
なつかしい…

でデビューの次の日にバレるっていう!!
@終電
ハニーにそっくりな子が新聞に出てるんだけど
ギクーーー!!
うふ♡
ノリで脱いでみちゃった♡
全国デビュー
おおおおマイハニーがアイドルっっ♡
テレビに出る日も遠くないから!!
じゃあ俺マネジャーやる
お互いバカだったなぁ
何が全国デビューだよ醜態晒しただけだろ
ん?
ライン
パト君
ゴメン
今気づいた
久しぶり(^v^)
元気だった?
おおおおお

もうマレーシアに
いるんだよね？
1時間くらいしか
時間とれないけど
大丈夫？
そりゃそうか
今や社長だもんね
私みたいな職業不定の自称漫画家とは違うわ
全然オッケー〜っと
こうして待つこと1時間
元気だったかい？ベイベー♡
パトく——…
!!?
生●斗真が落ち武者に——……!!!
イヤアアア〜
久びさに会いたいと思ってたからうれしいよー
外国人だからスキンシップ激しい
すりすり

実は俺もココ4年
いろいろ
あってさー
母親が離婚したり
会社が倒産したり
けっこうキツくて
うん うん そうだろうね
間違いなく
からの母親が俺と
同年齢の男と再婚して
いるのが判明してー…
え⁉
どゆこと⁉
ドロドロすぎてわかんない
しかも今日は銀行から
電話あってキャッシングの
被害にあっててさー
100万 抜かれてた
この人、私より厄年な人じゃ
だから今回ハニーが
きてくれたのは
運命かなと思って
え なんで
俺の生き別れの
親父《おやじ》を捜して
ほしいんだ
⁉⁉
札束
ワンチャンよりを
戻すためにきた海外
次回リアル昼ドラに
巻き込まれる⁉

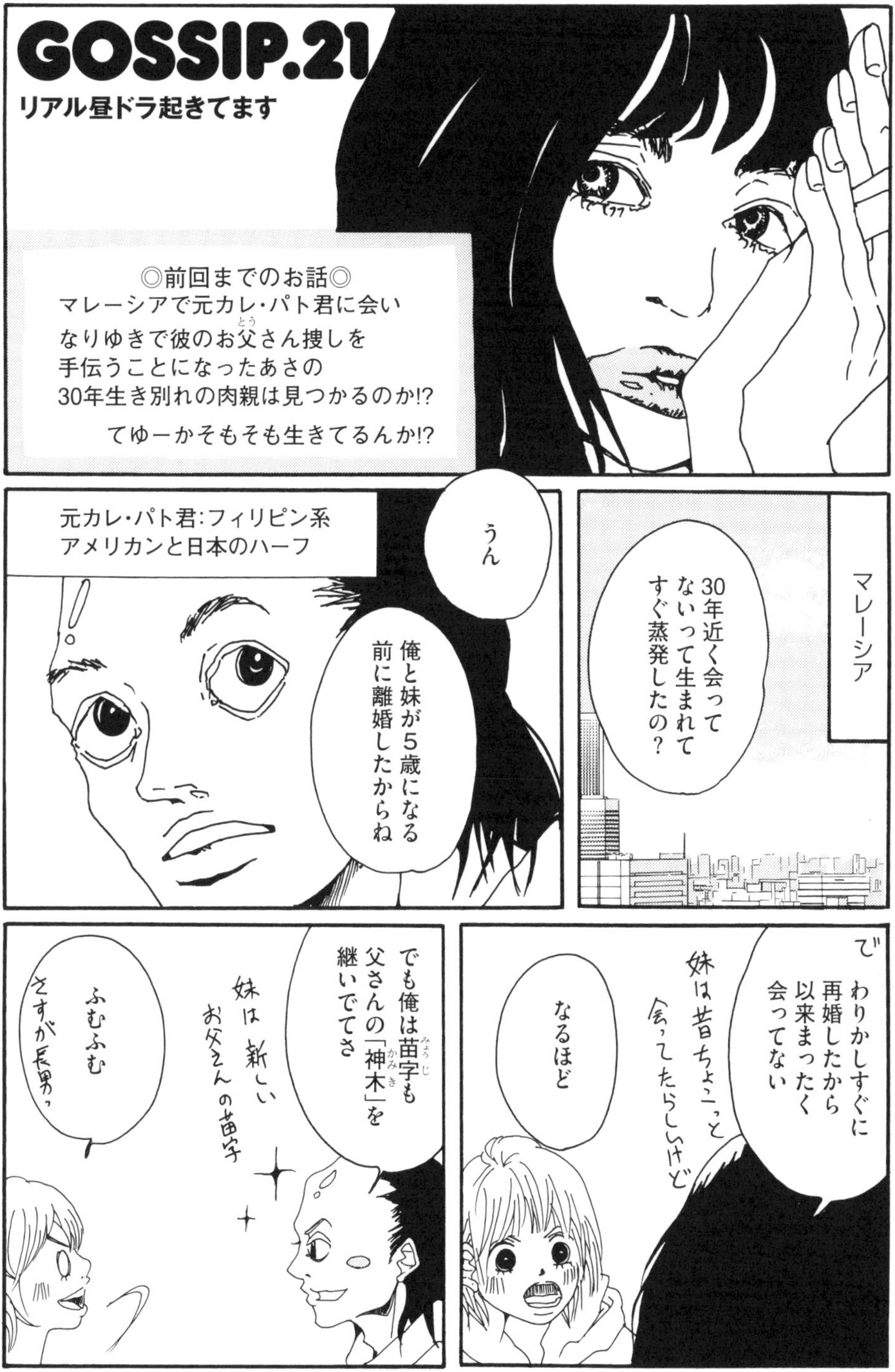
GOSSIP.21
リアル昼ドラ起きてます
◎前回までのお話◎
マレーシアで元カレ・パト君に会い
なりゆきで彼のお父《とう》さん捜しを
手伝うことになったあさの
30年生き別れの肉親は見つかるのか!?
てゆーかそもそも生きてるんか!?
マレーシア
30年近く会ってないって生まれてすぐ蒸発したの？
元カレ・パト君：フィリピン系
アメリカンと日本のハーフ
うん
俺と妹が5歳になる前に離婚したからね
で わりかしすぐに再婚したから以来まったく会ってない
妹は昔ちょこっと会ってたらしいけど
なるほど
でも俺は苗字《みょうじ》も父さんの「神木《かみき》」を継いでてさ
妹は新しいお父さんの苗字
ふむふむ
さすが長男っ

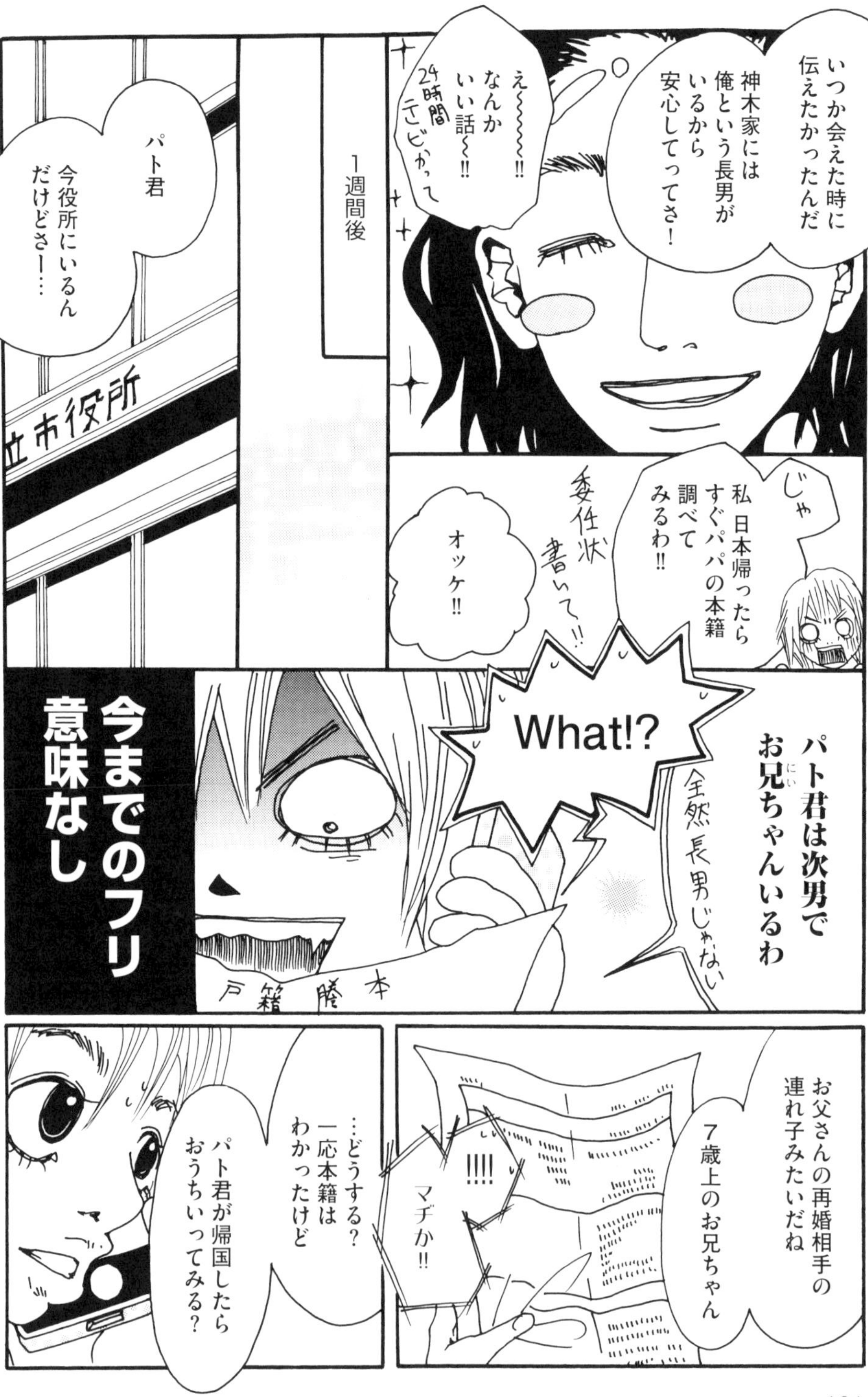

いつか会えた時に伝えたかったんだ
神木家には俺という長男がいるから安心してってさ！
え〜〜〜〜！！なんかいい話〜！！
24時間テレビかって
1週間後
パト君今役所にいるんだけどさー…
市役所
じゃ
私日本帰ったらすぐパパの本籍調べてみるわ!!
委任状書いて!!
オッケ!!
パト君は次男でお兄《にい》ちゃんいるわ
What!?
全然長男じゃない
今までのフリ意味なし
戸籍謄本
お父さんの再婚相手の連れ子みたいだね
7歳上のお兄ちゃん
!!!!
マヂか!!
…どうする？一応本籍はわかったけど
パト君が帰国したらおうちいってみる？

うん
会えるかわかんないけどいってみようかな
本籍って番地まで載ってないんだね
町までしかわからん!!
帰ってきたパト君
マンションだったら絶望的だな
表札ないし
てかそもそもそこにまだ住んでるかわからないよね…
確かに!!
パト君の妹・和子《かずこ》ちゃん
私の記憶じゃお父さんすごいセレブ思考で常にハーレー移動みたいな
もう城に住んでそうなイメージなんだけどな
私は高校まで会ってたから知ってるの
さすがバブル世代!!
あんたたち
そこで何してんだい!?

あっ すいません
今ちょっと道に迷っていてー…
神木さんて方の家捜しているんですけど
神木？
神木和朗《かずあき》ならウチのダンナだけど
!!!
ウソー…!!
この人が奥さんー…!!?
あの 僕実は仕事でお世話になっていて
近くまできたものですからごあいさつをと思って
僕3日後 日本発《た》つんでその前にお会いできればと！
パト君ナイスイケイケ!!
くる前に奥様に会ったときのケースも考えてた
すごいよ!! 奇跡だよ!!
本当に住んでた!! 俺も信じられない
くるかな!? 連絡!! くるよね!?

ついに親父に
会えるのか～
3日後…空港
お父さん
こないね
一応連絡はついたんでしょ？
うん
でも息子っていったら声色《こわいろ》が変わって会いにいけるかわからないっていわれたから－…
ま生きてるってわかったから
それだけでいいんだけどね
ビクッ
……パト君
和子～～～パトリ――ック
キィーン

ヒェッヘ〜イ!! 30年ぶり〜〜〜!!
お久しぶりんこ〜!!
え!? お父さん!!?
ポカーン
ガハハハ
なんだおまえ ハゲだな!! 遺伝子フォー!!
和子ー 会いたかった よぉぉっ
くるんっ
あんたが パトの嫁か?
コレ
御祝
!!!?
パトリックと 末永くよろしく やってください!!
おめでとう!!
ぇ?
ぇ?
えー!!?
30年ぶりの再会で 壮大なカン違い 勃発の親父
さらなるカン違いが 混乱を巻き起こす!!

GOSSIP.22
プロポーズ(の予告)キター‼
どうもー
2016年10月で32歳になりましたあさのです
20代からこのふたりで祝ってるけどさ
いいかげん男作れよ
毎年一緒にいてくれてスンマセン
大ニュース!!
なんと!! 最近結婚した!!
着エロちゃん
でも元カレ《パト君》のお父さんには会ったんでしょ?
先月
うん
電●ネットワークの南●さんぽい人
髪形が…
家族がそろって30年ぶりの再会とかドラマじゃん!!
あたしなら泣く!!
う〜〜ん そうなんだけど〜

唯一パト君のお父さんが発した言葉「おまえハゲだな」のみだったんだけど
カーン
ハゲ
あとはずっとムシ!!
妹さんとだけ話してんの!!
パト君
も～そこにいたあたしもいたたまれないったらなくてさ～～
おもいっきり部外者でアウェイ
実の息子なのにアウェイ
2人の世界
男同士だとそんなもんなのかなぁ!?
いやーさすがにパパないだろ!! 気遣ってあげろし!!
しかもお父さん私がパト君と結婚するってカン違いしてたし
しかも息子じゃなくてあんたに渡すってゆーね!! どんだけ
ご祝儀渡されたの初めて…

お返ししたのに結局受け取ってくれなかったし
マヂ!? っパネェ!!
俺にはわかる
あんたらは必ず結婚する!!
で? いくら入ってたの?
10万円!!
いきなり会って太っ腹すぎる!!
まいいんじゃない? ひかりもお父さん捜すの手伝ってあげたんだし
手間賃てコトで
もし興信所いったら30万はかかってたもん
もうこのまま結婚しちゃえばいいじゃーん!!
ちょっ 自分は既婚者だからって~
でどうなの新婚生活は
いやそれがこの間ブライダルチェック受けたんだけどさー

性病が2種類も検出されてまだダンナにいえてない
カンジダとクラミジア
!!!
ソレ ダンナにもうつるんじゃ!!
や セックスレスだからそこは大丈夫なんだけど
え？
新婚でセックスレス？
ガチ？
深刻すぎて新宿《しんじゅく》のあか●げ薬局通ったからね
EDに効く薬探しに1人で
着エロちゃんがー？ヤーン!!愛だねぇ!!
真っ赤な外装!!
あか○げ薬局
絶倫粉
でそこのじじい《医者》にススメられた薬盛ったんだけど
カレーにまぜて

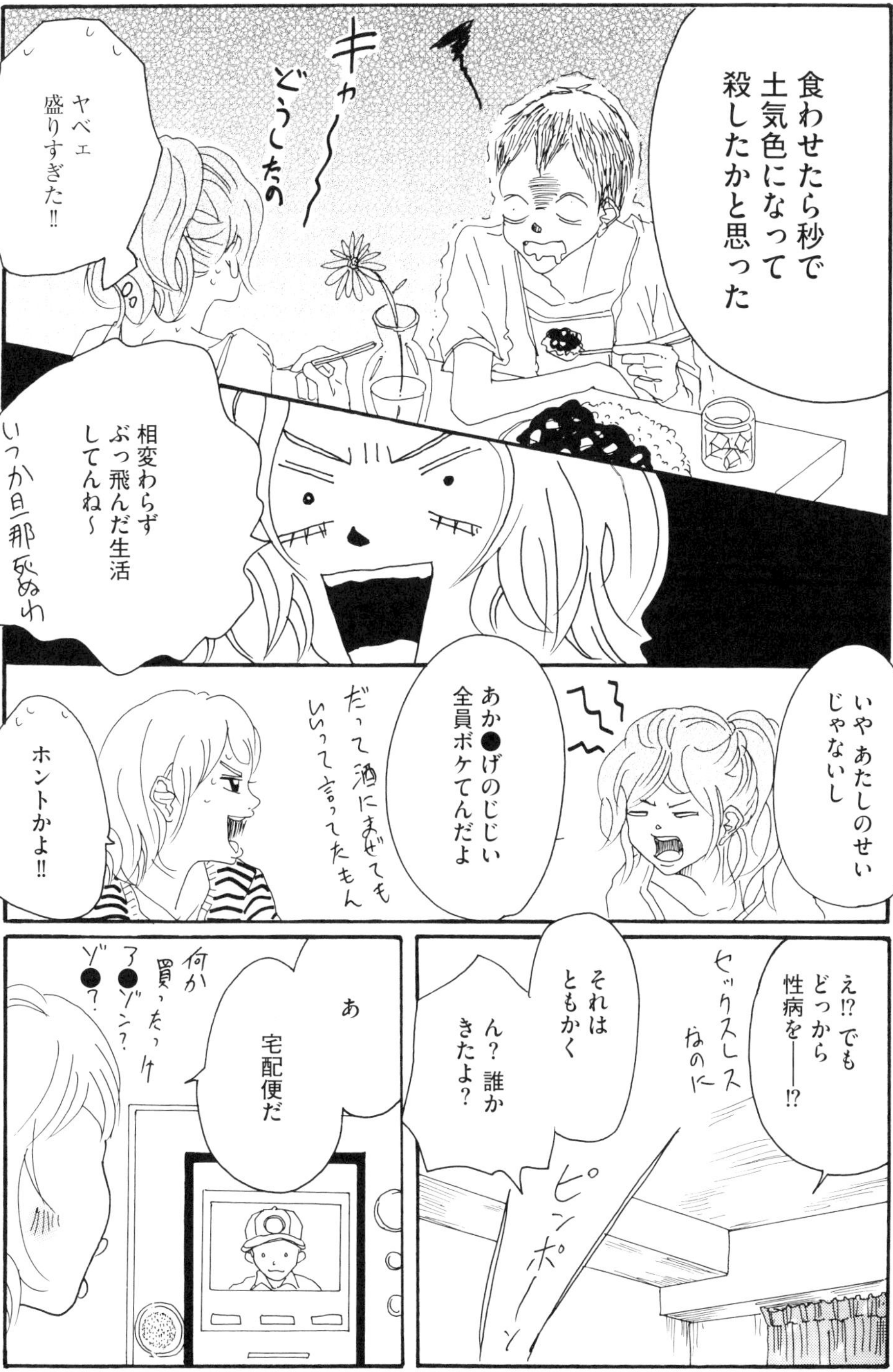

食わせたら秒で土気色になって殺したかと思った
キカ〜〜〜
どうしたの
ヤベェ盛りすぎた!!
相変わらずぶっ飛んだ生活してんね〜
いつか旦那死ぬわ
いやあたしのせいじゃないし
あか●げのじじい全員ボケてんだよ
だって酒にまぜてもいいって言ってたもん
ホントかよ!!
え!? でもどっから性病を——!?
セックスレスなのに
それはともかく
ん? 誰かきたよ?
ピンポ〜ン
あ
宅配便だ
何か買ったっけ
ア●ゾン?
ゾ●?

パト君から
お花届いた
ひゅー! やるじゃん パトリックー!!
にくいねー
あ 手紙も 入ってる
何なに
見せて 見せて
ハニー♥
年末、日本に帰ったら
伝えたいコト
あるから、待っててネ♥
パトリック
!!!?
プロポーズ!! プロポーズの 予告だって!!
コレは!!
えでも今 つき合ってないのに
8年つき合ってたら 関係ないって!!
赤飯たくよ!!
年末まで!!! 待てません!!!

GOSSIP.23

ストーカーに殺られる!!!

今ストーカーから殺害予告受けてんのマヂで殺《や》られるからヤメテ
!?
絶賛 天に召されそうです
はっ!? なんで!? ストーカーって何!!
う〜〜〜〜
コトの発端は2週間前
ホッピー
昼から女子会
ハイ! 撮りまーす
イェーイ☆
店員さん
おっいいじゃん盛れてる
ツイッターにアップしよ〜

すると音速でリプライが
!?
ミカエル@神 @michael_0
ねぇ、どこにいるの？
教えてよ〜〜〜
あさの☆ひかり @Asano_HikaLi
浅草で
女子会中〜♡
さらに
ミカエル@神 @michael_0109
ひかりちゃん遊ぼー(*^_^*)
ミカエル@神 @michael_0109
おーい！フォロバしてよー！
ミカエル@神 @michael_0109
DMで僕の画像送るよ〜(^_^)
ミカエル@神 @michael_0109
い！ババア！ テメーなんで
フォロバしねーんだよ！www
ル@神 @michael_0109
かり先生!! あなたはミカエル国
の自由の女神に選ばれました!!
えええ
なんだコレ
?
どうしたの？
いやなんでもない
ちょっと変なヤツに
絡まれてるだけ
サッ
その1時間後
ひぃぃっ
!?!?
通知
ミカエル@神 @michael_0109
とりま今から
行くからな
ミカエル@神 @michael_0109
待て待て待て

ごめん なんか今 ファン(?)からここに くるみたいなコト つぶやかれてて
ハ!? マヂで!?
お店かえる?
いや 大丈夫 てかごめん
うっかりつぶやいた ばっかりに
しょーがないっしょ でもさすがに店までは わからなくない?
ホッピー通り 似たような 店ばっかだし
ミカエル@神 @michael_0109
浅草なう
ゾ～～～…
帰ろう!! 今すぐ撤退 しよう!!
お会計っっ!!
ホント ごめん～～～
その数分後
あ また
ヴヴッ

ミカエル@神 @michael_
逃げんなよ
さっきまで飲んでたお店
ギィアアアア
本気でキター
なんで店わかったの?
ひかりヤバイよ
マヂで気ーつけて!!
それから本格的な粘着が始まりまして
びくっ
ウヴヴッ
毎日くるわくるわの脅しのメッセージ
あさのひかりは マ●カス臭女
犯スぞ
ブスを晒して恥ずかしくねえの?
アナルにチ●ポ入れてやるからな
今、おまえの家の前
しかもちょいちょい殺人鬼の名言もおりまぜてくる。
ソレ警察にいいなよ!!
いったよ!!
でも立件は難しいっていわれてー…!!

なぜならガチのメンヘラ患者さんなんだわ
8月に病院退院したばかりのホヤホヤお薬さん
なんでそんなヤツ世に放つんだよ!!
じょーだんじゃねぇ!!!
一応ケーサツに警告してもらったら逆にその人のご両親が訴えるっていいはじめて
私を
家族そろって病気かよ!! 頭おかしいだろ!!
そりゃ病むわ
うん…ガチでスタンガン買おうかと思ってる
3万くらいで買えるらしいから
じゃ私巻きぞえくわないうちに帰るわ!!
ガンバって生き延びて
ちょっなんで!! もうちょっといてよ~~~!!
あさの いまだガチで病んでます

ストーカー事件から早《はや》1カ月
依然引きこもってます
でも犯人からの嫌がらせは落ちついた
なんで急になくなったんだろうね
なんか犯人のツイッター垢《アカ》も全部凍結されてて
また精神科に収監されたんじゃないかと
着エロちゃん
あんたってホント引きが強いよね
色んな意味で変な奴ばっか
ホントだよ
どーなってんだこんチクショウ
LAST GOSSIP
Will you marry me?
でも今回こそ痛感したわ
独り身ツラタン
命、危うくなっても誰も守ってくれない…!!
あんたソレ病気の時もいってたよね?
で、自力で復活してたし

ハーーー!! もう いいかげん 落ち着きたいなー
映画の「ボディガード」みたいに全力で守られてー!!
いや もうムリだって あきらめ――
パト君いんじゃん
忘れてた!!!
どうなったの!? そーいや彼とは プロポーズは!?
年末帰ってくるみたいだけどー…
ピンポーン
びくっっ
パト君!?
←ストーカーの後遺症

え!?
なんで!? もう帰ってきた!?
わー!
会いたい!! ホンモノ!!
イケメンじゃーん!!
帽子とったらハゲてんだよ
あ ども パトです 着エロちゃん？
じゃ おふたり ごゆっくり～♡
えっ
バタン
なんで!?
どうして!?
まだ年末じゃないのに!!
いや～ 実はいろいろあって

日本に帰国の辞令がおりたんだ
!!!
そうなの？じゃあもうずっと日本にいるの？
うん…
——っていうかハニー…
2ヶ月前に届いた花
俺が贈った花まだあるの？
いや実はこの1カ月いろいろあって
マジ最悪部屋も超汚いし!!
どよ〜ん
!!!!
そう！
俺ハニーに伝えたいコトが——

パト君
結婚して!!!
え!? なんで!? 今!?
いいの!! 今したく なったの!!
だってもう日本に いるなら一緒に いられるじゃん!!
海外生活も 悪くなかったよ
ドーン
それは ムリ
なぜなら日本が 好きだから
ワがママ
そっか いや 改めてつき合おうって 伝えようと思ったけど
うん わかった!

とりあえず一緒に住もう!!
結婚はいつでもできるし!!
一歩前進キタ――!!!
ホントに!? ホントにいいの!?
うん!
いっしょ!!
バクロ漫画家と住んだら刺されるかもだけど
ずいっ
え… 今から体鍛えなきゃな
ホントに!? ホントに後悔しない!?
うん!
その1週間後
出向辞令
神木 パトリック殿
平成29年1月1日付をもって
インドネシア支店に
出向を命じます。
株式会社 OOX
神様 揺るぎない幸せはどこにあるの

後がき。
漫画を振り返って
改めて思いました
われながら人生どうしようもないなと!!!
ストーカーから ホストから 愛人クラブから しまいにゃ金がないからスで脱ぐって!!
ワンチャン結婚でまるっと収めようにもうまくいかず
うわーん パトくーん!!
キィイイイン
当たり前
もう どうでもいい～
『逃げ恥』おもしろいなー
星野源サイコー
はぁ～ あ
ぐすん
ゴミ
ああああ
人生の方向転換を試みようにももう気づけば32歳
ここまできたら笑い飛ばすしかないと!
笑い飛ばして次の荒波に備えよーっと
何も怖くねーわ!! ドンと来いっ!!
あわよくば この本《反面教師》が皆さまの人生のスパイスになれたらうれしいです
くすっ
Special Thanks : Murata san (Director)
Kawana san (Designer) . Yokoyama san (Assistant)

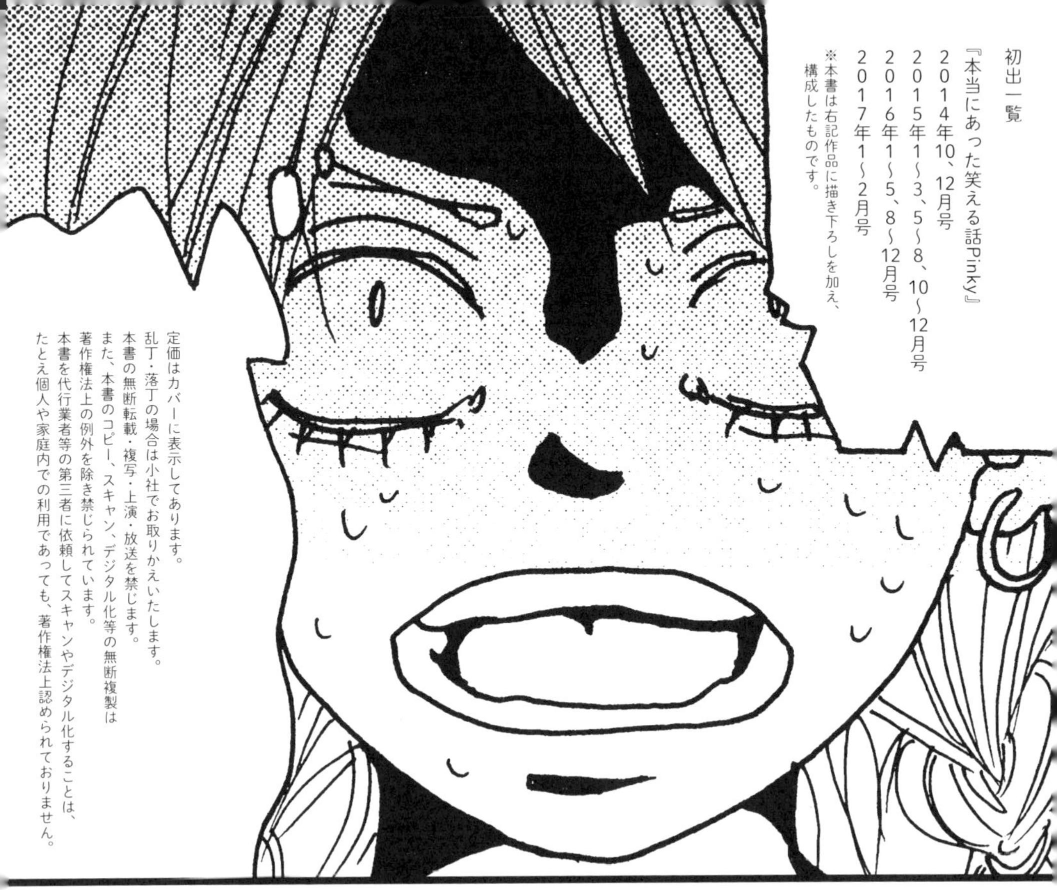

初出一覧
『本当にあった笑える話Pinky』
2014年10、12月号
2015年1～3、5～8、10～12月号
2016年1～5、8～12月号
2017年1～2月号
※本書は右記作品に描き下ろしを加え、構成したものです。

何度か消されかけましたが、こりずに芸能界の裏側ぶっちゃけていいスか⁉

2017年2月1日初版第一刷発行
著者――あさの☆ひかり
発行人――角谷 治
発行所――株式会社ぶんか社
〒102-8405 東京都千代田区一番町29-6
TEL 03-3222-5125（編集部）
TEL 03-3222-5115（出版営業部）
www.bunkasha.co.jp
印刷所――図書印刷株式会社
装丁――川名潤（prigraphics）

ISBN978-4-8211-4452-5